FOREWORD

The collection of "Everything Will Be Okay" travel phrasebooks published by T&P Books is designed for people traveling abroad for tourism and business. The phrasebooks contain what matters most - the essentials for basic communication. This is an indispensable set of phrases to "survive" while abroad.

This phrasebook will help you in most cases where you need to ask something, get directions, find out how much something costs, etc. It can also resolve difficult communication situations where gestures just won't help.

This book contains a lot of phrases that have been grouped according to the most relevant topics. The edition also includes a small vocabulary that contains roughly 3,000 of the most frequently used words. Another section of the phrasebook provides a gastronomical dictionary that may help you order food at a restaurant or buy groceries at the store.

Take "Everything Will Be Okay" phrasebook with you on the road and you'll have an irreplaceable traveling companion who will help you find your way out of any situation and teach you to not fear speaking with foreigners.

TABLE OF CONTENTS

T&P Books Publishing

T&P Books Publishing

PHRASEBOOK

— CHINESE —

By Andrey Taranov

THE MOST IMPORTANT PHRASES

This phrasebook contains
the most important
phrases and questions
for basic communication
Everything you need
to survive overseas

T&P BOOKS

Phrasebook + 3000-word dictionary

English-Chinese phrasebook & topical vocabulary

By Andrey Taranov

The collection of "Everything Will Be Okay" travel phrasebooks published by T&P Books is designed for people traveling abroad for tourism and business. The phrasebooks contain what matters most - the essentials for basic communication. This is an indispensable set of phrases to "survive" while abroad.

This book also includes a small topical vocabulary that contains roughly 3,000 of the most frequently used words. Another section of the phrasebook provides a gastronomical dictionary that may help you order food at a restaurant or buy groceries at the store.

T&P Books Publishing
www.tpbooks.com

ISBN: 978-1-78492-426-3

This book is also available in E-book formats.
Please visit www.tpbooks.com or the major online bookstores.

PRONUNCIATION

Letter	Chinese example	T&P phonetic alphabet	English example
a	tóufa	[a]	shorter than in ask
ai	hǎi	[aɪ]	tie, driver
an	bèipàn	[aⁿ]	transport, stand
ang	pīncháng	[ɑ̄]	nasal [a]
ao	gǎnmào	[aʊ]	now, down
b	Bànfǎ	[p̹]	pencil, private
c	cǎo	[tsh]	let's handle it
ch	chē	[tʃh]	hitchhiker
d	dīdá	[t̹]	tourist, trip
e	děngjì	[ɛ]	man, bad
ei	běihǎi	[eɪ]	age, today
en	xúnwèn	[ə]	driver, teacher
eng	bēngkuì	[ə̄]	nasal [e]
er	érzi	[ɛr]	arrive, corporation
f	fǎyuàn	[f̹]	face, food
g	gōnglǜ	[k̹]	clock, kiss
h	hǎitún	[ɹ]	home, have
i	fēijī	[i:]	feet, meter
ia	jiā	[ɑ]	young, yard
ian	kànjiàn	[jʌn]	young
ie	jiéyuē	[je]	yesterday, yen
in	cónglín	[:n]	teen, to keep
j	jīqì	[tɕ]	cheer
k	kuàilè	[kh]	work hard
l	lúnzi	[l]	lace, people
m	hémǎ	[m]	magic, milk
n	nǐ hǎo	[n]	name, normal
o	yībǒ	[ɔ]	bottle, doctor
ong	chénggōng	[ü]	nasal [u]
ou	běiměizhōu	[ɔʊ]	rose, window
p	pào	[ph]	top hat
q	qiáo	[tɕh]	cheer
r	rè	[ʒ]	forge, pleasure
s	sàipǎo	[s]	city, boss
sh	shāsǐ	[ʃ]	near [ch]
t	tūrán	[th]	don't have
u	dáfù	[u], [ʊ]	noodles, mango

5

Letter	Chinese example	T&P phonetic alphabet	English example
ua	chuán	[ua]	quantum
un	yúchǔn	[u:n], [ʊn]	moon, one
ü	lǚxíng	[y]	fuel, tuna
ün	shēnyùn	[jun]	uniform
uo	zuòwèi	[uɔ]	to order, to open
w	wùzhì	[w]	vase, winter
x	xiǎo	[ɕ]	sheep, shop
z	zérèn	[ts]	cats, tsetse fly
zh	zhǎo	[dʒ]	joke, general

Comments

First tone (high-level tone)
In the first tone, the pitch of your voice remains constant and slightly high through the syllable. Example - mā

Second tone (rising tone)
In the second tone, the pitch of your voice raises slightly while pronouncing the syllable. Example - má

Third tone (low-falling-raising tone)
In the third tone, the pitch of your voice goes down, and then goes back up in the same syllable. Example - mǎ

Fourth tone (falling tone)
In the forth tone, the pitch of your voice goes down sharply during the syllable. Example - mà

Fifth tone (neutral tone)
In the neutral tone, the pitch of your voice depends upon the word you are saying, but is normally said more briefly and softly than the other syllables. Example - ma

LIST OF ABBREVIATIONS

English abbreviations

ab.	-	about
adj	-	adjective
adv	-	adverb
anim.	-	animate
as adj	-	attributive noun used as adjective
e.g.	-	for example
etc.	-	et cetera
fam.	-	familiar
fem.	-	feminine
form.	-	formal
inanim.	-	inanimate
masc.	-	masculine
math	-	mathematics
mil.	-	military
n	-	noun
pl	-	plural
pron.	-	pronoun
sb	-	somebody
sing.	-	singular
sth	-	something
v aux	-	auxiliary verb
vi	-	intransitive verb
vi, vt	-	intransitive, transitive verb
vt	-	transitive verb

T&P BOOKS

CHINESE
PHRASEBOOK

This section contains
important phrases that may
come in handy in various
real-life situations.
The phrasebook will help
you ask for directions, clarify
a price, buy tickets, and
order food at a restaurant

T&P Books Publishing

PHRASEBOOK
CONTENTS

T&P Books Publishing

The bare minimum

Excuse me, ...　请问，···
[qǐngwèn, ...]

Hello.　你好。 | 你们好。
[nǐ hǎo | nǐmen hǎo]

Thank you.　谢谢。
[xièxiè]

Good bye.　再见。
[zàijiàn]

Yes.　是的。
[shì de]

No.　不
[bù]

I don't know.　我不知道。
[wǒ bù zhīdào]

Where? | Where to? | When?　哪里? | 到哪里? | 什么时候?
[nǎlǐ? | dào nǎlǐ? | shénme shíhòu?]

I need ...　我需要···
[wǒ xūyào ...]

I want ...　我想要···
[wǒ xiǎng yào ...]

Do you have ...?　您有···吗?
[nín yǒu ... ma?]

Is there a ... here?　这里有···吗?
[zhè li yǒu ... ma?]

May I ...?　我可以···吗?
[wǒ kěyǐ ... ma?]

..., please (polite request)　请
[qǐng]

I'm looking for ...　我在找···
[wǒ zài zhǎo ...]

restroom　休息室
[xiūxí shì]

ATM　银行取款机
[yínháng qǔkuǎn jī]

pharmacy (drugstore)　药店
[yàodiàn]

hospital　医院
[yīyuàn]

police station　警察局
[jǐngchá jú]

subway　地铁
[dìtiě]

taxi	出租车
	[chūzū chē]
train station	火车站
	[huǒchē zhàn]

My name is ...	我叫…
	[wǒ jiào ..]
What's your name?	您叫什么名字?
	[nín jiào shénme míngzì?]
Could you please help me?	请帮助我。
	[qǐng bāngzhù wǒ]
I've got a problem.	我有麻烦了。
	[wǒ yǒu máfanle]
I don't feel well.	我感觉不舒服。
	[wǒ gǎnjué bú shūfú]
Call an ambulance!	叫救护车!
	[jiào jiùhù chē!]
May I make a call?	我可以打个电话吗?
	[wǒ kěyǐ dǎ gè diànhuà ma?]

I'm sorry.	对不起。
	[duìbùqǐ]
You're welcome.	不客气。
	[bù kèqì]

I, me	我
	[wǒ]
you (inform.)	你
	[nǐ]
he	他
	[tā]
she	她
	[tā]
they (masc.)	他们
	[tāmen]
they (fem.)	她们
	[tāmen]
we	我们
	[wǒmen]
you (pl)	你们
	[nǐmen]
you (sg, form.)	您
	[nín]

ENTRANCE	入口
	[rùkǒu]
EXIT	出口
	[chūkǒu]
OUT OF ORDER	故障
	[gùzhàng]
CLOSED	关门
	[guānmén]

OPEN   开门
                            [kāimén]

FOR WOMEN   女士专用
                            [nǚshì zhuānyòng]

FOR MEN   男士专用
                            [nánshì zhuānyòng]

Questions

Where?	在哪里? [zài nǎlǐ?]
Where to?	到哪里? [dào nǎlǐ?]
Where from?	从哪里? [cóng nǎlǐ?]
Why?	为什么? [wèi shénme?]
For what reason?	为了什么? [wèile shénme?]
When?	什么时候? [shénme shíhòu?]

How long?	多长时间? [duō cháng shíjiān?]
At what time?	几点? [jǐ diǎn?]
How much?	多少? [duōshǎc?]
Do you have ...?	您有···吗? [nín yǒu ... ma?]
Where is ...?	···在哪里? [... zài nǎlǐ?]

What time is it?	几点了? [jǐ diǎnle?]
May I make a call?	我可以打个电话吗? [wǒ kěyǐ cǎ gè diànhuà ma?]
Who's there?	谁啊? [shuí a?]
Can I smoke here?	我能在这旦吸烟吗? [wǒ néng zài zhèlǐ xīyān ma?]
May I ...?	我可以···吗? [wǒ kěyǐ ... ma?]

Needs

I'd like ...
我想···
[wǒ xiǎng ...]

I don't want ...
我不想···
[wǒ bùxiǎng ...]

I'm thirsty.
我渴了。
[wǒ kěle]

I want to sleep.
我想睡觉。
[wǒ xiǎng shuìjiào]

I want ...
我想要···
[wǒ xiǎng yào ...]

to wash up
洗脸
[xǐliǎn]

to brush my teeth
刷牙
[shuāyá]

to rest a while
休息一会
[xiūxí yī huǐ]

to change my clothes
换衣服
[huàn yīfú]

to go back to the hotel
回旅店
[huí lǚdiàn]

to buy ...
去买
[qù mǎi]

to go to ...
去···
[qù ...]

to visit ...
去参观···
[qù cānguān ...]

to meet with ...
去见···
[qù jiàn ...]

to make a call
去打电话
[qù dǎ diànhuà]

I'm tired.
我累了。
[wǒ lèile]

We are tired.
我们累了。
[wǒmen lèile]

I'm cold.
我冷。
[wǒ lěng]

I'm hot.
我热。
[wǒ rè]

I'm OK.
我很好。
[wǒ hěn hǎo]

I need to make a call.

我需要打个电话。
[wǒ xūyào dǎ gè diànhuà]

I need to go to the restroom.

我要去厕所。
[wǒ yàc qù cèsuǒ]

I have to go.

我必须得走了。
[wǒ bìxū dé zǒuliǎo]

I have to go now.

我现在得走了。
[wǒ xiànzài dé zǒuliǎo]

Asking for directions

Excuse me, ...	请问，… [qǐngwèn, …]
Where is ...?	…在哪里？ [… zài nǎlǐ?]
Which way is ...?	去…怎么走？ [qù … zěnme zǒu?]
Could you help me, please?	请帮助我。 [qǐng bāngzhù wǒ]
I'm looking for ...	我在找… [wǒ zài zhǎo …]
I'm looking for the exit.	我在找出口。 [wǒ zài zhǎo chūkǒu]
I'm going to ...	我要去… [wǒ yào qù …]
Am I going the right way to ...?	这是去…的路吗？ [zhè shì qù … de lù ma?]
Is it far?	那里远吗？ [nàlǐ yuǎn ma?]
Can I get there on foot?	我能走路去那里吗？ [wǒ néng zǒulù qù nàlǐ ma?]
Can you show me on the map?	能在地图上指出来吗？ [néng zài dìtú shàng zhǐchū lái ma?]
Show me where we are right now.	告诉我我们现在的位置。 [gàosù wǒ wǒmen xiànzài de wèizhì]
Here	这里 [zhèlǐ]
There	那里 [nàlǐ]
This way	到这里来 [dào zhèlǐ lái]
Turn right.	右转。 [yòu zhuǎn]
Turn left.	左转。 [zuǒ zhuǎn]
first (second, third) turn	第一（第二、第三）个转弯 [dì yī (dì èr, dì sān) gè zhuǎnwān]
to the right	向右 [xiàng yòu]

to the left

向左
[xiàng zuǒ]

Go straight.

一直往前走。
[yīzhí wǎng qián zǒu]

Signs

WELCOME!	欢迎光临 [huānyíng guānglín]
ENTRANCE	入口 [rùkǒu]
EXIT	出口 [chūkǒu]

PUSH	推 [tuī]
PULL	拉 [lā]
OPEN	开门 [kāimén]
CLOSED	关门 [guānmén]

FOR WOMEN	女士专用 [nǚshì zhuānyòng]
FOR MEN	男士专用 [nánshì zhuānyòng]
MEN, GENTS	男厕所 [nán cèsuǒ]
WOMEN, LADIES	女厕所 [nǚ cèsuǒ]

DISCOUNTS	折扣 [zhékòu]
SALE	销售 [xiāoshòu]
FREE	免费! [miǎnfèi!]
NEW!	新品! [xīnpǐn!]
ATTENTION!	注意! [zhùyì!]

NO VACANCIES	客满 [kè mǎn]
RESERVED	留座 [liú zuò]
ADMINISTRATION	行政部门 [xíngzhèng bùmén]
STAFF ONLY	员工通道 [yuángōng tōngdào]

BEWARE OF THE DOG!	当心有狗！ [dāngxīn yǒu gǒu!]
NO SMOKING!	禁止吸烟 [jìnzhǐ xīyān]
DO NOT TOUCH!	禁止触摸 [jìnzhǐ chùmō]
DANGEROUS	危险 [wéixiǎn]
DANGER	危险 [wéixiǎr]
HIGH VOLTAGE	高压危险 [gāoyā wéixiǎn]
NO SWIMMING!	禁止游泳 [jìnzhǐ yóuyǒng]
OUT OF ORDER	故障 [gùzhàng]
FLAMMABLE	易燃品 [yì rán pǐn]
FORBIDDEN	禁止 [jìnzhǐ]
NO TRESPASSING!	禁止通行 [jìnzhǐ tōng xíng]
WET PAINT	油漆未干 [yóuqī wèi gān]
CLOSED FOR RENOVATIONS	装修-暂停营业 [zhuāngxiū-zàntíng yíngyè]
WORKS AHEAD	前方施工 [qiánfāng shīgōng]
DETOUR	绕行 [rào xíng]

Transportation. General phrases

plane	飞机 [fēijī]
train	火车 [huǒchē]
bus	公交车 [gōngjiāo chē]
ferry	渡轮 [dùlún]
taxi	出租车 [chūzū chē]
car	汽车 [qìchē]
schedule	时刻表 [shíkè biǎo]
Where can I see the schedule?	在哪里可以看到时刻表？ [zài nǎlǐ kéyǐ kàn dào shíkè biǎo?]
workdays (weekdays)	工作日 [gōngzuòrì]
weekends	休息日 [xiūxírì]
holidays	节假日 [jiéjiàrì]
DEPARTURE	出发 [chūfā]
ARRIVAL	到达 [dàodá]
DELAYED	延迟 [yánchí]
CANCELED	取消 [qǔxiāo]
next (train, etc.)	下一班 [xià yī bān]
first	第一班 [dì yī bān]
last	最后一班 [zuìhòu yī bān]
When is the next ...?	下一班…是几点？ [xià yī bān ... shì jǐ diǎn?]
When is the first ...?	第一班…是几点？ [dì yī bān ... shì jǐ diǎn?]

When is the last ...?	最后一班···是几点？ [zuìhòu yī bān ... shì jǐ diǎn?]
transfer (change of trains, etc.)	换乘 [huàn chéng]
to make a transfer	换乘 [huàn chéng]
Do I need to make a transfer?	我中途需要换乘吗？ [wǒ zhōngtú xūyào huàn chéng ma?]

Buying tickets

Where can I buy tickets?	到哪里买票? [dào nǎlǐ mǎi piào?]
ticket	票 [piào]
to buy a ticket	去买一张票 [qù mǎi yī zhāng piào]
ticket price	票价 [piào jià]
Where to?	到哪里? [dào nǎlǐ?]
To what station?	到哪站? [dào nǎ zhàn?]
I need ...	我要··· [wǒ yào ...]
one ticket	1张票 [yì zhāng piào]
two tickets	2张票 [liǎng zhāng piào]
three tickets	3张票 [sān zhāng piào]
one-way	单程 [dānchéng]
round-trip	往返 [wǎngfǎn]
first class	一等座 [yī děng zuò]
second class	二等座 [èr děng zuò]
today	今天 [jīntiān]
tomorrow	明天 [míngtiān]
the day after tomorrow	后天 [hòutiān]
in the morning	上午 [shàngwǔ]
in the afternoon	中午 [zhōngwǔ]
in the evening	晚间 [wǎnjiān]

aisle seat	靠过道座位 [kào guòdào zuòwèi]
window seat	靠窗座位 [kào chuāng zuòwèi]
How much?	多少钱？ [duōshǎo qián?]
Can I pay by credit card?	我能用信用卡付款吗？ [wǒ néng yòng xìnyòngkǎ fùkuǎn ma?]

Bus

bus	公交车 [gōngjiāo chē]
intercity bus	长途客车 [chángtú kèchē]
bus stop	巴士站 [bāshì zhàn]
Where's the nearest bus stop?	最近的巴士站在哪里? [zuìjìn de bāshì zhàn zài nǎlǐ?]
number (bus ~, etc.)	号码 [hàomǎ]
Which bus do I take to get to ...?	哪路公交车到…? [nǎ lù gōngjiāo chē dào ... ?]
Does this bus go to ...?	这个公交车到…吗? [zhège gōngjiāo chē dào ... ma?]
How frequent are the buses?	这路公交车多长时间一趟? [zhè lù gōngjiāo chē duō cháng shíjiān yī tàng?]
every 15 minutes	15分钟一趟 [shíwǔ fēnzhōng yī tàng]
every half hour	半个小时一趟 [bàn gè xiǎoshíyī tàng]
every hour	每小时一趟 [měi xiǎoshí yī tàng]
several times a day	一天几趟 [yītiān jǐ tàng]
... times a day	一天…趟 [yītiān ... tàng]
schedule	时刻表 [shíkè biǎo]
Where can I see the schedule?	在哪里可以看到时刻表? [zài nǎlǐ kěyǐ kàn dào shíkè biǎo?]
When is the next bus?	下班车几点到? [xiàbānchē jǐ diǎn dào?]
When is the first bus?	第一班车是几点? [dì yī bānchē shì jǐ diǎn?]
When is the last bus?	最后一班车是几点? [zuìhòu yī bān chē shì jǐ diǎn?]
stop	站 [zhàn]

next stop

下一站
[xià yí zhàn]

last stop (terminus)

上一站
[shàng yí zhàn]

Stop here, please.

请在这里停车。
[qǐng zai zhèlǐ tíngchē]

Excuse me, this is my stop.

不好意思，我要下车。
[bù hǎoyìsi, wǒ yào xià chē]

Train

train	火车 [huǒchē]
suburban train	市郊火车 [shìjiāo huǒchē]
long-distance train	长途列车 [chángtú lièchē]
train station	火车站 [huǒchē zhàn]
Excuse me, where is the exit to the platform?	请问，站台的出口在哪里？ [qǐngwèn, zhàntái de chūkǒu zài nǎlǐ?]
Does this train go to ...?	这个火车到···吗？ [zhège huǒchē dào ... ma?]
next train	下一趟火车 [xià yī tàng huǒchē]
When is the next train?	下趟火车是什么时候？ [xià tàng huǒchē shì shénme shíhòu?]
Where can I see the schedule?	在哪里可以看到时刻表？ [zài nǎlǐ kěyǐ kàn dào shíkè biǎo?]
From which platform?	在哪个站台？ [zài nǎge zhàntái?]
When does the train arrive in ...?	火车什么时候到达···？ [huǒchē shénme shíhòu dàodá ... ?]
Please help me.	请帮帮我。 [qǐng bāng bāng wǒ]
I'm looking for my seat.	我在找我的座位。 [wǒ zài zhǎo wǒ de zuòwèi]
We're looking for our seats.	我们在找我们的座位。 [wǒmen zài zhǎo wǒmen de zuòwèi]
My seat is taken.	我的座位被占了。 [wǒ de zuòwèi bèi zhànle]
Our seats are taken.	我们的座位被占了。 [wǒmen de zuòwèi bèi zhànle]
I'm sorry but this is my seat.	对不起，这是我的座位。 [duìbùqǐ, zhè shì wǒ de zuòwèi]
Is this seat taken?	这个位置有人坐吗？ [zhège wèizhì yǒurén zuò ma?]
May I sit here?	我能坐这里吗？ [wǒ néng zuò zhèlǐ ma?]

On the train. Dialogue (No ticket)

Ticket, please.

请出示你的车票。
[qǐng chūshì nǐ de jū piào]

I don't have a ticket.

我没有车票。
[wǒ méiyǒu chēpiào]

I lost my ticket.

我的车票丢了。
[wǒ de jū piào diūle]

I forgot my ticket at home.

我的车票忘在家里了。
[wǒ de jū piào wàng zài jiālǐle]

You can buy a ticket from me.

你可以从我这里买票。
[nǐ kěyǐ cóng wǒ zhèlǐ mǎi piào]

You will also have to pay a fine.

你还得交罚款。
[nǐ hái dé jiāo fákuǎn]

Okay.

好的。
[hǎo de]

Where are you going?

你要去哪里?
[nǐ yào qù nǎlǐ?]

I'm going to …

我要去…
[wǒ yào qù …]

How much? I don't understand.

多少钱? 我不明白。
[duōshǎo qián? wǒ bù míngbái]

Write it down, please.

请写下来。
[qǐng xiě xiàlái]

Okay. Can I pay with a credit card?

好的。我能用信用卡支付吗?
[hǎo de. wǒ néng yòng
xìnyòngkǎ zhīfù ma?]

Yes, you can.

好的, 可以。
[hǎo de, kěyǐ]

Here's your receipt.

这是您的收据。
[zhè shì nín de shōujù]

Sorry about the fine.

请您谅解罚款事宜。
[qǐng nín liàngjiě fákuǎn shìyí]

That's okay. It was my fault.

没关系。是我的错。
[méiguānxì. shì wǒ de cuò]

Enjoy your trip.

旅途愉快。
[lǚtú yúkuài]

Taxi

taxi	出租车 [chūzū chē]
taxi driver	出租车司机 [chūzū chē sījī]
to catch a taxi	叫出租车 [jiào chūzū chē]
taxi stand	出租车停车场 [chūzū chē tíngchē chǎng]
Where can I get a taxi?	我在哪里能乘坐出租车? [wǒ zài nǎlǐ néng chéngzuò chūzū chē?]
to call a taxi	叫出租车 [jiào chūzū chē]
I need a taxi.	我需要一辆出租车。 [wǒ xūyào yī liàng chūzū chē]
Right now.	现在。 [xiànzài]
What is your address (location)?	您在什么位置? [nín zài shénme wèizhì?]
My address is ...	我的地址是··· [wǒ dìdìzhǐshì ...]
Your destination?	您要去哪儿? [nín yào qù nǎ'er?]
Excuse me, ...	请问,··· [qǐngwèn, ...]
Are you available?	您这是空车吗? [nín zhè shì kōng chē ma?]
How much is it to get to ...?	到···多少钱? [dào ... duōshǎo qián?]
Do you know where it is?	你知道这个地方在哪里吗? [nǐ zhīdào zhège dìfāng zài nǎlǐ ma?]
Airport, please.	请到机场。 [qǐng dào jīchǎng]
Stop here, please.	请停在这里。 [qǐng tíng zài zhèlǐ]
It's not here.	不是这里。 [bùshì zhèlǐ]
This is the wrong address.	这地址不对。 [zhè dìzhǐ bùduì]
Turn left.	向左 [xiàng zuǒ]
Turn right.	向右 [xiàng yòu]

How much do I owe you?	我应该给您多少钱？ [wǒ yīnggāi gěi nín duōshǎo qián?]
I'd like a receipt, please.	请给我发票。 [qǐng gěi wǒ fāpiào]
Keep the change.	不用找了。 [bùyòng zhǎole]

Would you please wait for me?	请等我··· [qǐng děng wǒ …]
five minutes	5分钟 [wǔ fēnzhōng]
ten minutes	10分钟 [shí fēnzhōng]
fifteen minutes	15分钟 [shíwǔ fēnzhōng]
twenty minutes	20分钟 [èrshí fēnzhōng]
half an hour	半小时 [bàn xiǎoshí]

Hotel

Hello.	你好。 [nǐ hǎo]
My name is ...	我叫··· [wǒ jiào ...]
I have a reservation.	我已预定房间。 [wǒ yǐ yùdìng fángjiān]

I need ...	我需要··· [wǒ xūyào ...]
a single room	单人间 [dān rénjiān]
a double room	双人间 [shuāng rénjiān]
How much is that?	多少钱? [duōshǎo qián?]
That's a bit expensive.	这个有点贵。 [zhège yǒudiǎn guì]

Do you have any other options?	你们还有其他房间吗? [nǐmen hái yǒu qítā fángjiān ma?]
I'll take it.	我就订这个了。 [wǒ jiù dìng zhègele]
I'll pay in cash.	我付现金。 [wǒ fù xiànjīn]

I've got a problem.	我房间有点小问题。 [wǒ fángjiān yǒudiǎn xiǎo wèntí]
My ... is broken.	我房间里的···坏了。 [wǒ fángjiān lǐ de ... huàile]
My ... is out of order.	我房间里的···不好用了。 [wǒ fángjiān lǐ de ... bù hǎo yòngle]
TV	电视 [diànshì]
air conditioning	空调 [kòngtiáo]
tap	水龙头 [shuǐlóngtóu]

shower	淋浴 [línyù]
sink	洗手盆 [xǐshǒu pén]
safe	保险箱 [bǎoxiǎnxiāng]

door lock	门锁 [mén suǒ]
electrical outlet	插座 [chāzuǒ]
hairdryer	吹风筒 [chuīfēng tǒng]

I don't have ...	我的房间里没有… [wǒ de fángjiān lǐ méiyǒu ...]
water	水 [shuǐ]
light	光 [guāng]
electricity	电 [diàn]

Can you give me ...?	你能给我…吗？ [nǐ néng gěi wǒ ... ma?]
a towel	一条毛巾 [yītiáo máojīn]
a blanket	一条毛毯 [yītiáo máotǎn]
slippers	一双拖鞋 [yīshuāng tuōxié]
a robe	一件浴衣 [yī jiàn yùyī]
shampoo	一些洗发水 [yīxiē xǐ fǎ shuǐ]
soap	一块肥皂 [yīkuài féizào]

I'd like to change rooms.	我想换个房间。 [wǒ xiǎng huàngè fángjiān]
I can't find my key.	我找不到自己的钥匙。 [wǒ zhǎo bù dào zìjǐ de yàoshi]
Could you open my room, please?	请帮我打开房间。 [qǐng bāng wǒ dǎkāi fángjiān]
Who's there?	谁啊？ [shuí a?]
Come in!	进来。 [jìnlái]
Just a minute!	稍等！ [shāo děng!]
Not right now, please.	请稍等。 [qǐng shāo děng]

Come to my room, please.	请到我的房间来。 [qǐng dào wǒ de fángjiān lái]
I'd like to order food service.	我想订餐。 [wǒ xiǎng dìngcān]
My room number is ...	我的房间号码是… [wǒ de fángjiān hàomǎ shì ...]

I'm leaving ...

我乘车离开···
[wǒ chéng chē líkāi ...]

We're leaving ...

我们乘车离开···
[wǒmen chéng chē líkāi ...]

right now

现在
[xiànzài]

this afternoon

今天下午
[jīntiān xiàwǔ]

tonight

今天晚上
[jīntiān wǎnshàng]

tomorrow

明天
[míngtiān]

tomorrow morning

明天上午
[míngtiān shàngwǔ]

tomorrow evening

明天晚上
[míngtiān wǎnshàng]

the day after tomorrow

后天
[hòutiān]

I'd like to pay.

我想结账。
[wǒ xiǎng jiézhàng]

Everything was wonderful.

一切都很好。
[yīqiè dōu hěn hǎo]

Where can I get a taxi?

我在哪里能乘坐出租车?
[wǒ zài nǎlǐ néng chéngzuò chūzū chē?]

Would you call a taxi for me, please?

您能帮我叫一辆出租车吗?
[nín néng bāng wǒ jiào yī liàng chūzū chē ma?]

Restaurant

Can I look at the menu, please?	我能看一下菜单吗？ [wǒ néng kàn yīxià càidān ma?]
Table for one.	一人桌。 [yīrén zhuō]
There are two (three, four) of us.	我们一共两个（三个，四个）人。 [wǒmen yīgòng liǎng gè (sān gè, sì gè) rén]

Smoking	吸烟区 [xīyān qū]
No smoking	非吸烟区 [fēi xīyān qū]
Excuse me! (addressing a waiter)	劳驾！ [láojià!]
menu	菜单 [càidān]
wine list	酒类一览表 [jiǔ lèi yīlǎr biǎo]
The menu, please.	请给我菜单。 [qǐng gěi wǒ càidān]

Are you ready to order?	您要点菜了吗？ [nín yàodiǎn càile ma?]
What will you have?	您要点什么？ [nín yàodiǎn shénme?]
I'll have ...	我想点… [wǒ xiǎng diǎn ...]

I'm a vegetarian.	我吃素。 [wǒ chīsù]
meat	肉 [ròu]
fish	鱼 [yú]
vegetables	蔬菜 [shūcài]
Do you have vegetarian dishes?	你们餐厅供应素食餐吗？ [nǐmen cāntīng gōngyìng sùshí cān ma?]
I don't eat pork.	我不吃猪肉。 [wǒ bù chī zhūròu]
He /she/ doesn't eat meat.	他 /她/ 不吃肉。 [tā bù chī ròu]

I am allergic to …

我对…过敏。
[wǒ duì … guòmǐn]

Would you please bring me …

请给我…
[qǐng gěi wǒ …]

salt | pepper | sugar

盐 | 胡椒粉 | 糖
[yán | hújiāo fěn | táng]

coffee | tea | dessert

咖啡 | 茶 | 甜点
[kāfēi | chá | tiándiǎn]

water | sparkling | plain

水 | 汽水 | 无气
[shuǐ | qìshuǐ | wú qì]

a spoon | fork | knife

一个汤匙 | 叉 | 刀
[yīgè tāngchí | chā | dāo]

a plate | napkin

一个 盘子 | 餐巾
[yīgè pánzi | cānjīn]

Enjoy your meal!

祝您用餐愉快！
[zhù nín yòngcān yúkuài!]

One more, please.

请再来一些。
[qǐng zàilái yīxiē]

It was very delicious.

这个非常好吃。
[zhège fēicháng hào chī]

---

check | change | tip

结账 | 找零 | 小费
[jiézhàng | zhǎo líng | xiǎofèi]

Check, please.
(Could I have the check, please?)

请买单。
[qǐng mǎidān]

Can I pay by credit card?

我能用信用卡付款吗？
[wǒ néng yòng xìnyòngkǎ fùkuǎn ma?]

I'm sorry, there's a mistake here.

对不起，这里有错误。
[duìbùqǐ, zhè li yǒu cuòwù]

Shopping

Can I help you?
您需要帮助吗？
[nín xūyào bāngzhù ma?]

Do you have ...?
您有···吗？
[nín yǒu ... ma?]

I'm looking for ...
我在找···
[wǒ zài zhǎo ...]

I need ...
我需要···
[wǒ xūyào ...]

I'm just looking.
我只是看看。
[wǒ zhǐshì kàn kàn]

We're just looking.
我们只是看看。
[wǒmen zhǐshì kàn kàn]

I'll come back later.
我一会回来。
[wǒ yī huǐ huílái]

We'll come back later.
我们一会再来。
[wǒmen yī huǐ zàilái]

discounts | sale
折扣 | 出售
[zhékòu | chūshòu]

Would you please show me ...
请给我看看···
[qǐng gěi wǒ kàn kàn ...]

Would you please give me ...
请给我···
[qǐng gěi wǒ ...]

Can I try it on?
我能试一下这个吗？
[wǒ néng shì yīxià zhège ma?]

Excuse me, where's the fitting room?
请问，哪里有试衣间？
[qǐngwèn, nǎ li yǒu shì yī jiān?]

Which color would you like?
你想要哪个颜色？
[nǐ xiǎng yào nǎge yánsè?]

size | length
尺寸 | 长度
[chǐcùn | chángdù]

How does it fit?
合身吗？
[héshēn ma?]

How much is it?
多少钱？
[duōshǎo qián?]

That's too expensive.
太贵了。
[tài guìle]

I'll take it.
我买了。
[wǒ mǎile]

Excuse me, where do I pay?
请问，在哪里付款？
[qǐngwèn, zài nǎlǐ fùkuǎn?]

Will you pay in cash or credit card?　　您是现今还是信用卡支付？
[nín shì xiànjīn háishì xìnyòngkǎ zhīfù?]

In cash | with credit card　　用现金　｜　用信用卡
[yòng xiànjīn | yòng xìnyòngkǎ]

Do you want the receipt?　　您需要收据吗？
[nín xūyào shōujù ma?]

Yes, please.　　要，谢谢。
[yào, xièxiè]

No, it's OK.　　不用，没关系。
[bùyòng, méiguānxì]

Thank you. Have a nice day!　　谢谢。祝您愉快！
[xièxiè. zhù nín yúkuài!]

In town

Excuse me, please.	请问，… [qǐngwèn, …]
I'm looking for …	我在找… [wǒ zài zhǎo …]

the subway	地铁 [dìtiě]
my hotel	我的旅店 [wǒ de lǚdiàn]
the movie theater	电影院 [diànyǐngyuàn]
a taxi stand	出租车候车处 [chūzū chē hòuchē chù]

an ATM	银行取款机 [yínháng qǔkuǎn jī]
a foreign exchange office	外汇兑换 [wàihuì duìhuàn]
an internet café	网吧 [wǎngbā]
… street	…街 [… jiē]
this place	这个地方 [zhège dìfāng]

Do you know where … is?	您知道…在哪里吗？ [nín zhīdào…zài nǎlǐ ma?]
Which street is this?	这条街道叫什么名字？ [zhè tiáo jiēdào jiào shénme míngzì?]

Show me where we are right now.	告诉我我们现在的位置。 [gàosù wǒ wǒmen xiànzài de wèizhì.]
Can I get there on foot?	我能走路去那里吗？ [wǒ néng zǒulù qù nàlǐ ma?]
Do you have a map of the city?	您有城市地图吗？ [nín yǒu chéngshì dìtú ma?]

How much is a ticket to get in?	门票多少钱？ [ménpiào duōshǎo qián?]
Can I take pictures here?	能在这里照相吗？ [néng zài zhèlǐ zhàoxiàng ma?]
Are you open?	你们开业了吗？ [nǐmen kāiyèle ma?]

When do you open?

几点开业?
[jǐ diǎn kāiyè?]

When do you close?

几点歇业?
[jǐ diǎn xiēyè?]

Money

money	钱 [qián]
cash	现金 [xiànjīn]
paper money	纸币 [zhǐbì]
loose change	零钱 [língqián]
check | change | tip	结账 | 找零 | 小费 [jiézhàng | zhǎo líng | xiǎofèi]

credit card	信用卡 [xìnyòngkǎ]
wallet	钱包 [qiánbāo]
to buy	去买 [qù mǎi]
to pay	去支付 [qù zhīfù]
fine	罚款 [fákuǎn]
free	免费 [miǎnfèi]

Where can I buy ...?	在哪里能买到…? [zài nǎlǐ néng mǎi dào … ?]
Is the bank open now?	银行现在开门了吗? [yínháng xiànzài kāiménle ma?]
When does it open?	什么时候开门? [shénme shíhòu kāimén?]
When does it close?	什么时候关门? [shénme shíhòu guānmén?]

How much?	多少钱? [duōshǎo qián?]
How much is this?	这个多少钱? [zhège duōshǎo qián?]
That's too expensive.	太贵了。 [tài guìle]

Excuse me, where do I pay?	请问，在哪里付款? [qǐngwèn, zà nǎlǐ fùkuǎn?]
Check, please.	请结账。 [qǐng jiézhàng]

Can I pay by credit card?	我能用信用卡付款吗? [wǒ néng yòng xìnyòngkǎ fùkuǎn ma?]
Is there an ATM here?	这里有银行取款机吗? [zhè li yǒu yínháng qǔkuǎn jī ma?]
I'm looking for an ATM.	我在找银行取款机。 [wǒ zài zhǎo yínháng qǔkuǎn jī]

I'm looking for a foreign exchange office.	我在找外汇兑换除。 [wǒ zài zhǎo wàihuì duìhuàn chú]
I'd like to change ...	我想兑换… [wǒ xiǎng duìhuàn ...]
What is the exchange rate?	汇率是多少? [huìlǜ shì duōshǎo?]
Do you need my passport?	需要我的护照吗? [xūyào wǒ de hùzhào ma?]

Time

What time is it?	几点了？ [jǐ diǎnle?]
When?	什么时候？ [shénme shíhòu?]
At what time?	几点？ [jǐ diǎn?]
now | later | after …	现在 | 以后 | 在…之后 [xiànzài | yǐhòu | zài … zhīhòu]

one o'clock	一点整 [yīdiǎn zhěng]
one fifteen	一点十五分 [yīdiǎn sh wǔ fēn]
one thirty	一点半 [yīdiǎn bàn]
one forty-five	一点四十五分 [yīdiǎn sìsʰíwǔ fēn]

one | two | three	一 | 二 | 三 [yī | èr | sān]
four | five | six	四 | 五 | 六 [sì | wǔ | liù]
seven | eight | nine	七 | 八 | 九 [qī | bā | jiǔ]
ten | eleven | twelve	十 | 十一 | 十二 [shí | shí yī | shí'èr]

in …	在…之内 [zài … zhī nèi]
five minutes	5分钟 [wǔ fēnzhōng]
ten minutes	10分钟 [shí fēnzhōng]
fifteen minutes	15分钟 [shíwǔ fēnzʰōng]
twenty minutes	20分钟 [èrshí fēnzhōng]

half an hour	半小时 [bàn xiǎoshí]
an hour	一个小时 [yīgè xiǎoshí]

in the morning	上午 [shàngwǔ]
early in the morning	清晨 [qīngchén]
this morning	今天上午 [jīntiān shàngwǔ]
tomorrow morning	明天上午 [míngtiān shàngwǔ]
at noon	在中午 [zài zhōngwǔ]
in the afternoon	在下午 [zài xiàwǔ]
in the evening	在晚上 [zài wǎnshàng]
tonight	今天晚上 [jīntiān wǎnshàng]
at night	在半夜 [zài bànyè]
yesterday	昨天 [zuótiān]
today	今天 [jīntiān]
tomorrow	明天 [míngtiān]
the day after tomorrow	后天 [hòutiān]
What day is it today?	今天是星期几？ [jīntiān shì xīngqí jǐ?]
It's ...	今天是… [jīntiān shì…]
Monday	星期一 [xīngqí yī]
Tuesday	星期二 [xīngqí'èr]
Wednesday	星期三 [xīngqísān]
Thursday	星期四 [xīngqísì]
Friday	星期五 [xīngqíwǔ]
Saturday	星期六 [xīngqíliù]
Sunday	星期天 [xīngqítiān]

Greetings. Introductions

Hello.
您好。
[nín hǎo]

Pleased to meet you.
很高兴见到您。
[hěn gāoxìng jiàn dào nín]

Me too.
我也是。
[wǒ yěshì]

I'd like you to meet ...
给您介绍一下，这是…
[gěi nín jièshào yīxià, zhè shì ...]

Nice to meet you.
很高兴认识您。
[hěn gāoxìng rènshí nín]

How are you?
你好吗？
[nǐ hǎo ma?]

My name is ...
我叫…
[wǒ jiào ...]

His name is ...
他叫…
[tā jiào ...]

Her name is ...
她叫…
[tā jiào ...]

What's your name?
您叫什么名字？
[nín jiào shénme míngzì?]

What's his name?
他叫什么名字？
[tā jiào shénme míngzì?]

What's her name?
她叫什么名字？
[tā jiào shénme míngzì?]

What's your last name?
您姓什么？
[nín xìng shénme?]

You can call me ...
您可以叫我…
[nín kěyǐ jiào wǒ ...]

Where are you from?
您来自哪里？
[nín láizì nǎlǐ?]

I'm from ...
我来自…
[wǒ láizì ...]

What do you do for a living?
您是做什么的？
[nín shì zuò shénme de?]

Who is this?
这是谁？
[zhè shì shuí?]

Who is he?
他是谁？
[tā shì shuí?]

Who is she?
她是谁？
[tā shì shuí?]

Who are they?
他们是谁？
[tāmen shì shuí?]

This is ...	这是…
	[zhè shì …]
my friend (masc.)	我的朋友
	[wǒ de péngyǒu]
my friend (fem.)	我的朋友
	[wǒ de péngyǒu]
my husband	我的丈夫
	[wǒ de zhàngfū]
my wife	我的妻子
	[wǒ de qīzi]

my father	我的父亲
	[wǒ de fùqīn]
my mother	我的母亲
	[wǒ de mǔqīn]
my brother	我的哥哥 | 我的弟弟
	[wǒ dí gēgē | wǒ de dì dì]
my sister	我的姐姐 | 我的妹妹
	[wǒ de jiějiě | wǒ de mèimei]
my son	我的儿子
	[wǒ de érzi]
my daughter	我的女儿
	[wǒ de nǚ'ér]

This is our son.	这是我们的儿子。
	[zhè shì wǒmen de érzi]
This is our daughter.	这是我们的女儿。
	[zhè shì wǒmen de nǚ'ér]
These are my children.	这是我的孩子们。
	[zhè shì wǒ de háizimen]
These are our children.	这是我们的孩子们。
	[zhè shì wǒmen de háizimen]

Farewells

Good bye!
再见！
[zàijiàn!]

Bye! (inform.)
拜拜！
[bàibài!]

See you tomorrow.
明天见。
[míngtiān jiàn]

See you soon.
一会见。
[yī huǐ jiàn]

See you at seven.
7点见。
[qī diǎn jiàn]

Have fun!
玩的开心！
[wán de kāixīn!]

Talk to you later.
以后再聊。
[yǐhòu zài liáo]

Have a nice weekend.
周末愉快。
[zhōumò yúkuài]

Good night.
晚安。
[wǎn'ān]

It's time for me to go.
我得走了。
[wǒ dé zǒu liǎo]

I have to go.
我要走了。
[wǒ yào zǒu liǎo]

I will be right back.
我马上回来。
[wǒ mǎshàng huílái]

It's late.
已经很晚了。
[yǐjīng hěn wǎnle]

I have to get up early.
我要早起。
[wǒ yào zǎoqǐ]

I'm leaving tomorrow.
我明天就走了。
[wǒ míngtiān jiù zǒuliǎo]

We're leaving tomorrow.
我们明天就走了。
[wǒmen míngtiān jiù zǒuliǎo]

Have a nice trip!
旅途愉快！
[lǚtú yúkuài!]

It was nice meeting you.
很高兴认识你。
[hěn gāoxìng rènshí nǐ]

It was nice talking to you.
很高兴与你聊天。
[hěn gāoxìng yǔ nǐ liáotiān]

Thanks for everything.
谢谢你为我做的一切。
[xièxiè nǐ wèi wǒ zuò de yīqiè]

I had a very good time.

我过的非常开心。
[wǒguò de fēicháng kāixīn]

We had a very good time.

我们过的非常开心。
[wǒmenguò de fēicháng kāixīn]

It was really great.

真的太棒了。
[zhēn de tài bàngle]

I'm going to miss you.

我会想念你的。
[wǒ huì xiǎngniàn nǐ de]

We're going to miss you.

我们会想念你的。
[wǒmen huì xiǎngniàn nǐ de]

Good luck!

祝你好运！
[zhù nǐ hǎo yùn!]

Say hi to ...

代我向…问好
[dài wǒ xiàng ... wènhǎo]

Foreign language

I don't understand.
我没听懂。
[wǒ méi tīng dǒng]

Write it down, please.
请您把它写下来，好吗？
[qǐng nín bǎ tā xiě xiàlái, hǎo ma?]

Do you speak ...?
您能说…？
[nín néng shuō ... ?]

I speak a little bit of ...
我会一点点…
[wǒ huì yī diǎndiǎn ...]

English
英语
[yīngyǔ]

Turkish
土耳其语
[tǔ'ěrqí yǔ]

Arabic
阿拉伯语
[ālābó yǔ]

French
法语
[fǎyǔ]

German
德语
[déyǔ]

Italian
意大利语
[yìdàlì yǔ]

Spanish
西班牙语
[xībānyá yǔ]

Portuguese
葡萄牙语
[pútáoyá yǔ]

Chinese
汉语
[hànyǔ]

Japanese
日语
[rìyǔ]

Can you repeat that, please.
请再说一遍。
[qǐng zàishuō yībiàn]

I understand.
我明白了。
[wǒ míngbáilə]

I don't understand.
我没听懂。
[wǒ méi tīng dǒng]

Please speak more slowly.
请说慢一点。
[qǐng shuō màn yī diǎn]

Is that correct? (Am I saying it right?)
对吗？
[duì ma?]

What is this? (What does this mean?)
这是什么？
[zhè shì shénme?]

Apologies

Excuse me, please.	请原谅。 [qǐng yuánliàng]
I'm sorry.	我很抱歉。 [wǒ hěn bàoqiàn]
I'm really sorry.	我真的很抱歉。 [wǒ zhēn de hěn bàoqiàn]
Sorry, it's my fault.	对不起，这是我的错。 [duìbùqǐ, zhè shì wǒ de cuò]
My mistake.	我的错。 [wǒ de cuò]
May I ...?	我可以…吗？ [wǒ kěyǐ ... ma?]
Do you mind if I ...?	如果我…，您不会反对吧？ [rúguǒ wǒ ... , nín bù huì fǎnduì ba?]
It's OK.	没事。 [méishì]
It's all right.	一切正常。 [yīqiè zhèngcháng]
Don't worry about it.	不用担心。 [bùyòng dānxīn]

Agreement

Yes.	是的。 [shì de]
Yes, sure.	是的，当然。 [shì de, dāngrán]
OK (Good!)	好的 [hǎo de]
Very well.	非常好。 [fēicháng hǎo]
Certainly!	当然。 [dāngrán]
I agree.	我同意。 [wǒ tóngyì]

That's correct.	对。 [duì]
That's right.	正确。 [zhèngquè]
You're right.	你是对的。 [nǐ shì duì de]
I don't mind.	我不介意。 [wǒ bù jièyì]
Absolutely right.	完全正确。 [wánquán zhèngquè]

It's possible.	这有可能。 [zhè yǒu kěnéng]
That's a good idea.	这是个好主意。 [zhè shìgè hǎo zhǔyì]
I can't say no.	我无法拒绝。 [wǒ wúfǎ jùué]
I'd be happy to.	我很乐意。 [wǒ hěn lèy]
With pleasure.	非常愿意。 [fēicháng yuànyì]

Refusal. Expressing doubt

No.	不 [bù]
Certainly not.	当然不。 [dāngrán bù]

I don't agree.	我不同意。 [wǒ bù tóngyì]
I don't think so.	我不这么认为。 [wǒ bù zhème rènwéi]
It's not true.	这不是真的。 [zhè bùshì zhēn de]

You are wrong.	您错了。 [nín cuòle]
I think you are wrong.	我觉得您错了。 [wǒ juédé nín cuòle]

I'm not sure.	我不确定。 [wǒ bù quèdìng]
It's impossible.	这不可能。 [zhè bù kěnéng]
Nothing of the kind (sort)!	不行！ [bùxíng!]

The exact opposite.	恰恰相反。 [qiàqià xiāngfǎn]
I'm against it.	我反对。 [wǒ fǎnduì]
I don't care.	我不在乎。 [wǒ bùzàihū]
I have no idea.	我一点都不知道。 [wǒ yī diǎn dōu bù zhīdào]
I doubt that.	我表示怀疑。 [wǒ biǎoshì huáiyí]

Sorry, I can't.	对不起，我不能。 [duìbùqǐ, wǒ bùnéng]
Sorry, I don't want to.	对不起，我不想。 [duìbùqǐ, wǒ bùxiǎng]

Thank you, but I don't need this.	谢谢，我不需要。 [xièxiè, wǒ bù xūyào]
It's late.	已经很晚了。 [yǐjīng hěn wǎnle]

I have to get up early.

我要早起。
[wǒ dé zǎoqǐ]

I don't feel well.

我感觉不太好。
[wǒ gǎnjué bù tài hǎo]

Expressing gratitude

Thank you.	谢谢。 [xièxiè]
Thank you very much.	多谢。 [duōxiè]
I really appreciate it.	非常感谢。 [fēicháng gǎnxiè]
I'm really grateful to you.	我真的非常感谢您。 [wǒ zhēn de fēicháng gǎnxiè nín]
We are really grateful to you.	我们真的非常感谢您。 [wǒmen zhēn de fēicháng gǎnxiè nín]
Thank you for your time.	感谢您百忙之中抽出时间。 [gǎnxiè nín bǎi máng zhī zhōng chōuchū shíjiān]
Thanks for everything.	谢谢你为我做的一切。 [xièxiè nǐ wèi wǒ zuò de yīqiè]
Thank you for ...	谢谢… [xièxiè ...]
your help	您的帮助 [nín de bāngzhù]
a nice time	一段美好的时光 [yīduàn měihǎo de shíguāng]
a wonderful meal	一顿美味佳肴 [yī dùn měiwèi jiāyáo]
a pleasant evening	一个美好的夜晚 [yīgè měihǎo de yèwǎn]
a wonderful day	精彩的一天 [jīngcǎi de yītiān]
an amazing journey	一个精彩的旅程 [yīgè jīngcǎi de lǚchéng]
Don't mention it.	不值一提。 [bù zhí yī tí]
You are welcome.	不用谢。 [bùyòng xiè]
Any time.	随时效劳。 [suíshí xiàoláo]
My pleasure.	这是我的荣幸。 [zhè shì wǒ de róngxìng]

Forget it. It's alright.

别放心上。
[bié fàngxīn shàng]

Don't worry about it.

不用担心。
[bùyòng dānxīn]

Congratulations. Best wishes

Congratulations!
恭喜你！
[gōngxǐ nǐ!]

Happy birthday!
生日快乐！
[shēngrì kuàilè!]

Merry Christmas!
圣诞愉快！
[shèngdàn yúkuài!]

Happy New Year!
新年快乐！
[xīnnián kuàilè!]

Happy Easter!
复活节快乐！
[fùhuó jié kuàilè!]

Happy Hanukkah!
光明节快乐！
[guāngmíng jié kuàilè!]

I'd like to propose a toast.
我提议干杯。
[wǒ tíyì gānbēi]

Cheers!
干杯！
[gānbēi!]

Let's drink to …!
让我们为…干杯！
[ràng wǒmen wèi… gānbēi!]

To our success!
为我们的胜利干杯！
[wèi wǒmen de shènglì gānbēi!]

To your success!
为您的成功干杯！
[wèi nín de chénggōng gānbēi!]

Good luck!
祝你好运！
[zhù nǐ hǎo yùn!]

Have a nice day!
祝您愉快！
[zhù nín yúkuài!]

Have a good holiday!
祝你假期愉快！
[zhù nǐ jiàqī yúkuài!]

Have a safe journey!
祝您旅途平安！
[zhù nín lǚtú píng'ān!]

I hope you get better soon!
希望你能尽快好起来！
[xīwàng nǐ néng jǐnkuài hǎo qǐlái!]

Socializing

Why are you sad?

为什么那样悲伤啊?
[wèishéne nàyàng bēishāng a?]

Smile! Cheer up!

笑一笑!
[xiào yīxiào!]

Are you free tonight?

你今晚有空吗?
[nǐ jīn wǎn yǒu kòng ma?]

May I offer you a drink?

我能请你喝一杯吗?
[wǒ néng qǐng nǐ hè yībēi ma?]

Would you like to dance?

你想跳舞吗?
[nǐ xiǎng tiàowǔ ma?]

Let's go to the movies.

一起去看电影好吗?
[yīqǐ qù kàn diànyǐng hǎo ma?]

May I invite you to …?

我能请你…吗?
[wǒ néng qǐng nǐ … ma?]

a restaurant

吃饭
[chīfàn]

the movies

看电影
[kàn diànyǐng]

the theater

去剧院
[qù jùyuàn]

go for a walk

散步
[sànbù]

At what time?

几点?
[jǐ diǎn?]

tonight

今天晚上
[jīntiān wǎnshàng]

at six

6 点
[liù diǎn]

at seven

7 点
[qī diǎn]

at eight

8 点
[bā diǎn]

at nine

9 点
[jiǔ diǎn]

Do you like it here?

你喜欢这里吗?
[nǐ xǐhuān zhelǐ ma?]

Are you here with someone?

你和谁在这里吗?
[nǐ hé shuí zà zhèlǐ ma?]

I'm with my friend.

我和我的朋友。
[wǒ hé wǒ de péngyǒu]

I'm with my friends.　我和我的朋友们。
[wǒ hé wǒ de péngyǒumen]

No, I'm alone.　不，就我自己。
[bù, jiù wǒ zìjǐ]

Do you have a boyfriend?　你有男朋友吗？
[nǐ yǒu nán péngyǒu ma?]

I have a boyfriend.　我有男朋友。
[wǒ yǒu nán péngyǒu]

Do you have a girlfriend?　你有女朋友吗？
[nǐ yǒu nǚ péngyǒu ma?]

I have a girlfriend.　我有女朋友。
[wǒ yǒu nǚ péngyǒu]

Can I see you again?　我能再见到你吗？
[wǒ néng zàijiàn dào nǐ ma?]

Can I call you?　我能给你打电话吗？
[wǒ néng gěi nǐ dǎ diànhuà ma?]

Call me. (Give me a call.)　给我打电话。
[gěi wǒ dǎ diànhuà]

What's your number?　你的电话号码是多少？
[nǐ de diànhuà hàomǎ shì duōshǎo?]

I miss you.　我想你。
[wǒ xiǎng nǐ]

You have a beautiful name.　你的名字真好听。
[nǐ de míngzì zhēn hǎotīng]

I love you.　我爱你。
[wǒ ài nǐ]

Will you marry me?　你愿意嫁给我吗？
[nǐ yuànyì jià gěi wǒ ma?]

You're kidding!　您在开玩笑！
[nín zài kāiwánxiào!]

I'm just kidding.　我只是开玩笑。
[wǒ zhǐ shì kāiwánxiào]

Are you serious?　您是认真的？
[nín shì rènzhēn de?]

I'm serious.　我认真的。
[wǒ rènzhēn de]

Really?!　真的吗？
[zhēn de ma?]

It's unbelievable!　不可思议！
[bùkěsīyì!]

I don't believe you.　我不相信你。
[wǒ bù xiāngxìn nǐ]

I can't.　我不能。
[wǒ bùnéng]

I don't know.　我不知道。
[wǒ bù zhīdào]

I don't understand you.　我不明白你的意思。
[wǒ bù míngbái nǐ de yìsi]

Please go away.

请你走开。
[qǐng nǐ zǒu kāi]

Leave me alone!

别管我！
[biéguǎn wǒ!]

I can't stand him.

我不能忍受他。
[wǒ bùnéng rěnshòu tā]

You are disgusting!

您真恶心！
[nín zhēn ěxīn!]

I'll call the police!

我要叫警察了！
[wǒ yào jiào jǐngchále!]

Sharing impressions. Emotions

I like it.	我喜欢它。 [wǒ xǐhuān tā]
Very nice.	很可爱。 [hěn kě'ài]
That's great!	那太棒了！ [nà tài bàngle!]
It's not bad.	这不错。 [zhè bùcuò]
I don't like it.	我不喜欢它。 [wǒ bù xǐhuān tā]
It's not good.	这不好。 [zhè bù hǎo]
It's bad.	这不好。 [zhè bù hǎo]
It's very bad.	这非常不好。 [zhè fēicháng bù hǎo]
It's disgusting.	这个很恶心。 [zhège hěn ěxīn]
I'm happy.	我很开心。 [wǒ hěn kāixīn]
I'm content.	我很满意。 [wǒ hěn mǎnyì]
I'm in love.	我恋爱了。 [wǒ liàn'àile]
I'm calm.	我很冷静。 [wǒ hěn lěngjìng]
I'm bored.	我很无聊。 [wǒ hěn wúliáo]
I'm tired.	我累了。 [wǒ lèile]
I'm sad.	我很伤心。 [wǒ hěn shāngxīn]
I'm frightened.	我很害怕。 [wǒ hěn hàipà]
I'm angry.	我生气了。 [wǒ shēngqìle]
I'm worried.	我很担心。 [wǒ hěn dānxīn]
I'm nervous.	我很紧张。 [wǒ hěn jǐnzhāng]

I'm jealous. (envious)

我很羡慕。
[wǒ hěn xiànmù]

I'm surprised.

我很惊讶。
[wǒ hěn jīngyà]

I'm perplexed.

我很尴尬。
[wǒ hěn gāngà]

Problems. Accidents

I've got a problem.	我有麻烦了。 [wǒ yǒu máfanle]
We've got a problem.	我们有麻烦了。 [wǒmen yǒu máfanle]
I'm lost.	我迷路了。 [wǒ mílùle]
I missed the last bus (train).	我错过了最后一班公交车（火车）。 [wǒ cuòguòle zuìhòu yī bān gōngjiāo chē (huǒchē)]
I don't have any money left.	我没钱了。 [wǒ méi qiánle]

I've lost my ...	我的···丢了。 [wǒ de ... diūle]
Someone stole my ...	我的···被偷了。 [wǒ de ... bèi tōule]
passport	护照 [hùzhào]
wallet	钱包 [qiánbāo]
papers	文件 [wénjiàn]
ticket	机票 [jīpiào]

money	钱 [qián]
handbag	包 [bāo]
camera	照相机 [zhàoxiàngjī]
laptop	笔记本电脑 [bǐjìběn diànnǎo]
tablet computer	平板电脑 [píngbǎn diànnǎo]
mobile phone	手机 [shǒujī]

Help me!	帮帮我！ [bāng bāng wǒ!]
What's happened?	发生什么事了？ [fāshēng shénme shìle?]

fire
火灾
[huǒzāi]

shooting
枪击
[qiāngjī]

murder
谋杀
[móushā]

explosion
爆炸
[bàozhà]

fight
打架
[dǎjià]

Call the police!
请叫警察！
[qǐng jiào jǐngchá!]

Please hurry up!
请快点！
[qǐng kuài diǎn!]

I'm looking for the police station.
我在找警察局。
[wǒ zài zhǎo jǐngchá jú]

I need to make a call.
我需要打个电话。
[wǒ xūyào dǎ gè diànhuà]

May I use your phone?
我能用一下你的电话吗？
[wǒ néng yòng yīxià nǐ de diànhuà ma?]

I've been …
我被…了。
[wǒ bèi … le]

mugged
抢劫
[qiǎngjié]

robbed
偷
[tōu]

raped
强奸
[qiángjiān]

attacked (beaten up)
袭击
[xíjí]

Are you all right?
您没事吧？
[nín méishì ba?]

Did you see who it was?
你有没有看到是谁？
[nǐ yǒu méiyǒu kàn dào shì shuí?]

Would you be able to recognize the person?
你能认出那个人吗？
[nǐ néng rèr chū nàgè rén ma?]

Are you sure?
你确定？
[nǐ quèdìng?]

Please calm down.
请冷静。
[qǐng lěngjìng]

Take it easy!
冷静！
[lěngjìng!]

Don't worry!
不用担心！
[bùyòng dānxīn!]

Everything will be fine.
一切都会好的。
[yīqiè dūhuì hǎo de]

Everything's all right.
一切正常。
[yīqiè zhèngcháng]

Come here, please.

请到这里来。
[qǐng dào zhèlǐ lái]

I have some questions for you.

我有一些问题要问您。
[wǒ yǒu yīxiē wèntí yào wèn nín]

Wait a moment, please.

请等一下。
[qǐng děng yīxià]

Do you have any I.D.?

您有证件吗?
[nín yǒu zhèngjiàn ma?]

Thanks. You can leave now.

谢谢。您可以走了。
[xièxiè. nín kěyǐ zǒuliǎo]

Hands behind your head!

把手放在头上!
[bǎshǒu fàng zài tóu shàng!]

You're under arrest!

你被捕了!
[nǐ bèi bǔle!]

Health problems

Please help me.	请帮帮我。 [qǐng bāng bāng wǒ]
I don't feel well.	我感觉不舒服。 [wǒ gǎnjué bú shūfú]
My husband doesn't feel well.	我丈夫不舒服。 [wǒ zhàngfū bú shūfú]
My son ...	我儿子··· [wǒ érzi ...]
My father ...	我爸爸··· [wǒ bàba ...]
My wife doesn't feel well.	我妻子不舒服。 [wǒ qīzi bú shūfú]
My daughter ...	我女儿··· [wǒ nǚ'ér ...]
My mother ...	我妈妈··· [wǒ māmā ...]
I've got a ...	我···痛。 [wǒ ... tòng]
headache	头 [tóu]
sore throat	嗓子 [sǎngzi]
stomach ache	胃 [wèi]
toothache	牙 [yá]
I feel dizzy.	我头晕。 [wǒ tóuyūn]
He has a fever.	他发烧了。 [tā fāshāole]
She has a fever.	她发烧了。 [tā fāshāole]
I can't breathe.	我呼吸困难。 [wǒ hūxī kùnnán]
I'm short of breath.	我快不能呼吸了。 [wǒ kuài bùnéng hūxīle]
I am asthmatic.	我有哮喘。 [wǒ yǒu xiāochuǎn]
I am diabetic.	我有糖尿病。 [wǒ yǒu tángniàobìng]

| I can't sleep. | 我失眠。
[wǒ shīmián] |
| food poisoning | 食物中毒。
[shíwù zhòngdú] |

It hurts here.	这里疼。 [zhèlǐ téng]
Help me!	救命！ [jiùmìng!]
I am here!	我在这儿！ [wǒ zài zhè'er!]
We are here!	我们在这！ [wǒmen zài zhè!]
Get me out of here!	让我离开这里！ [ràng wǒ líkāi zhèlǐ!]
I need a doctor.	我需要医生。 [wǒ xūyào yīshēng]
I can't move.	我动不了。 [wǒ dòng bùliǎo]
I can't move my legs.	我的腿动不了。 [wǒ de tuǐ dòng bùliǎo]

I have a wound.	我受伤了。 [wǒ shòushāngle]
Is it serious?	很严重吗？ [hěn yánzhòng ma?]
My documents are in my pocket.	我的文件在口袋里。 [wǒ de wénjiàn zài kǒudài lǐ]
Calm down!	冷静！ [lěngjìng!]
May I use your phone?	我能用一下你的电话吗？ [wǒ néng yòng yīxià nǐ de diànhuà ma?]

Call an ambulance!	叫救护车！ [jiào jiùhù chē!]
It's urgent!	很着急！ [hěn zhāojí!]
It's an emergency!	非常紧急！ [fēicháng jǐnjí!]
Please hurry up!	请快点！ [qǐng kuài diǎn!]
Would you please call a doctor?	请叫医生。 [qǐng jiào yīshēng]
Where is the hospital?	医院在哪里？ [yīyuàn zài nǎlǐ?]

How are you feeling?	您感觉怎么样？ [nín gǎnjué zěnme yàng?]
Are you all right?	您没事吧？ [nín hái hǎo ba?]
What's happened?	发生什么事了？ [fāshēng shénme shìle?]

I feel better now.

我好多了。
[wǒ hǎoduōle]

It's OK.

没事。
[méishì]

It's all right.

已经好了。
[yǐjīng hǎole]

At the pharmacy

pharmacy (drugstore)	药店 [yàodiàn]
24-hour pharmacy	24四小时药店 [èrshí sì xiǎoshí yàodiàn]
Where is the closest pharmacy?	最近的药店在哪里? [zuìjìn di yàodiàn zài nǎlǐ?]
Is it open now?	现在营业吗? [xiànzài yíngyè ma?]
At what time does it open?	几点开门? [jǐ diǎn kāimén?]
At what time does it close?	几点关门? [jǐ diǎn guānmén?]
Is it far?	那里远吗? [nàlǐ yuǎn ma?]
Can I get there on foot?	我能走路去那里吗? [wǒ néng zǒulù qù nàlǐ ma?]
Can you show me on the map?	能在地图上指出来吗? [néng zài dìtú shàng zhǐchū lái ma?]
Please give me something for ...	请给我治…的药。 [qǐng gěi wǒ zhì ... di yào]
a headache	头疼 [tóuténg]
a cough	咳嗽 [késòu]
a cold	感冒 [gǎnmào]
the flu	流感 [liúgǎn]
a fever	发烧 [fāshāo]
a stomach ache	胃疼 [wèi téng]
nausea	恶心 [ěxīn]
diarrhea	腹泻 [fùxiè]
constipation	便秘 [biànmì]

pain in the back
背痛
[bèi tòng]

chest pain
胸痛
[xiōngtòng]

side stitch
岔气
[chàqì]

abdominal pain
腹痛
[fùtòng]

pill
药片，药丸
[yàopiàn, yàowán]

ointment, cream
软膏，霜
[ruǎngāc, shuāng]

syrup
糖浆
[tángjiāng]

spray
喷雾
[pēnwù]

drops
滴液
[dī yè]

You need to go to the hospital.
你需要去医院。
[nǐ xūyào qù yīyuàn]

health insurance
医疗保险
[yīliáo bǎcxiǎn]

prescription
处方
[chǔfāng]

insect repellant
驱虫剂
[qū chóng jì]

Band Aid
创可贴
[chuàngkětiē]

The bare minimum

Excuse me, ...	请问，··· [qǐngwèn, ...]
Hello.	你好。 ｜ 你们好。 [nǐ hǎo ｜ nǐmen hǎo]
Thank you.	谢谢。 [xièxiè]
Good bye.	再见。 [zàijiàn]
Yes.	是的。 [shì de]
No.	不 [bù]
I don't know.	我不知道。 [wǒ bù zhīdào]
Where? ｜ Where to? ｜ When?	哪里？ ｜ 到哪里？ ｜ 什么时候？ [nǎlǐ? ｜ dào nǎlǐ? ｜ shénme shíhòu?]
I need ...	我需要··· [wǒ xūyào ...]
I want ...	我想要··· [wǒ xiǎng yào ...]
Do you have ...?	您有···吗？ [nín yǒu ... ma?]
Is there a ... here?	这里有···吗？ [zhè li yǒu ... ma?]
May I ...?	我可以···吗？ [wǒ kěyǐ ... ma?]
..., please (polite request)	请 [qǐng]
I'm looking for ...	我在找··· [wǒ zài zhǎo ...]
restroom	休息室 [xiūxí shì]
ATM	银行取款机 [yínháng qǔkuǎn jī]
pharmacy (drugstore)	药店 [yàodiàn]
hospital	医院 [yīyuàn]
police station	警察局 [jǐngchá jú]
subway	地铁 [dìtiě]

taxi
出租车
[chūzū chē]

train station
火车站
[huǒchē zhàn]

My name is ...
我叫…
[wǒ jiào …]

What's your name?
您叫什么名字？
[nín jiào shénme míngzì?]

Could you please help me?
请帮助我。
[qǐng bāngzhù wǒ]

I've got a problem.
我有麻烦了。
[wǒ yǒu máfanle]

I don't feel well.
我感觉不舒服。
[wǒ gǎnjué bú shūfú]

Call an ambulance!
叫救护车！
[jiào jiùhu chē!]

May I make a call?
我可以打个电话吗？
[wǒ kěyǐ dǎ gè diànhuà ma?]

I'm sorry.
对不起。
[duìbùqǐ]

You're welcome.
不客气。
[bù kèqì]

I, me
我
[wǒ]

you (inform.)
你
[nǐ]

he
他
[tā]

she
她
[tā]

they (masc.)
他们
[tāmen]

they (fem.)
她们
[tāmen]

we
我们
[wǒmen]

you (pl)
你们
[nǐmen]

you (sg, form.)
您
[nín]

ENTRANCE
入口
[rùkǒu]

EXIT
出口
[chūkǒu]

OUT OF ORDER
故障
[gùzhàng]

CLOSED
关门
[guānmén]

OPEN	开门 [kāimén]
FOR WOMEN	女士专用 [nǚshì zhuānyòng]
FOR MEN	男士专用 [nánshì zhuānyòng]

TOPICAL VOCABULARY

This section contains more than 3,000 of the most important words.
The dictionary will provide invaluable assistance while traveling abroad, because frequently individual words are enough for you to be understood.
The dictionary includes a convenient transcription of each foreign word

T&P Books Publishing

VOCABULARY CONTENTS

T&P Books Publishing

BASIC CONCEPTS

T&P Books Publishing

1. Pronouns

| I, me | 我 | wǒ |
| you | 你 | nǐ |

he	他	tā
she	她	tā
it	它	tā

we	我们	wǒ men
you (to a group)	你们	nǐ men
they (masc.)	他们	tā men
they (fem.)	她们	tā men

2. Greetings. Salutations

Hello! (fam.)	你好!	nǐ hǎo!
Hello! (form.)	你们好!	nǐmen hǎo!
Good morning!	早上好!	zǎo shàng hǎo!
Good afternoon!	午安!	wǔ ān!
Good evening!	晚上好!	wǎn shàng hǎo!

to say hello	问好	wèn hǎo
Hi! (hello)	你好!	nǐ hǎo!
greeting (n)	问候	wèn hòu
to greet (vt)	欢迎	huān yíng
How are you?	你好吗?	nǐ hǎo ma?
What's new?	有 什么 新 消息?	yǒu shénme xīn xiāoxi?

Bye-Bye! Goodbye!	再见!	zài jiàn!
See you soon!	回头见!	huí tóu jiàn!
Farewell!	再见!	zài jiàn!
to say goodbye	说再见	shuō zài jiàn
So long!	回头见!	huí tóu jiàn!

Thank you!	谢谢!	xièxie!
Thank you very much!	多谢!	duō xiè!
You're welcome	不客气	bù kè qi
Don't mention it!	不用谢谢!	bùyòng xièxie!
It was nothing	没什么	méi shén me

Excuse me, ...	请原谅	qǐng yuán liàng
to apologize (vi)	道歉	dào qiàn
My apologies	我道歉	wǒ dào qiàn

I'm sorry!	对不起!	duì bu qǐ!
to forgive (vt)	原谅	yuán liàng
please (adv)	请	qǐng

Don't forget!	别忘了!	bié wàng le!
Certainly!	当然!	dāng rán!
Of course not!	当然不是!	dāng rán bù shi!
Okay! (I agree)	同意!	tóng yì!
That's enough!	够了!	gòu le!

3. Questions

Who?	谁?	shéi?
What?	什么?	shén me?
Where? (at, in)	在哪儿?	zài nǎr?
Where (to)?	到哪儿?	dào nǎr?
From where?	从哪儿来?	cóng nǎr lái?
When?	什么时候?	shénme shíhou?
Why? (What for?)	为了什么目的?	wèile shénme mùdì?
Why? (reason)	为什么?	wèi shénme?

What for?	为了什么目的?	wèile shénme mùdì?
How? (in what way)	如何?	rú hé?
Which?	哪个?	nǎ ge?

To whom?	给谁?	gěi shéi?
About whom?	关于谁?	guān yú shéi?
About what?	关于什么?	guān yú shénme?
With whom?	跟谁?	gēns héi?
How many? How much?	多少?	duōshao?
Whose?	谁的?	shéi de?

4. Prepositions

with (accompanied by)	和，跟	hé, gēn
without	没有	méi yǒu
to (indicating direction)	往	wǎng
about (talking ~ ...)	关于	guān yú
before (in time)	在 … 之前	zài … zhī qián
in front of ...	在 … 前面	zài … qián mian

under (beneath, below)	在 … 下面	zài … xià mian
above (over)	在 … 上方	zài … shàng fāng
on (atop)	在 … 上	zài … shàng
from (off, out of)	从	cóng
of (made from)	… 做的	… zuò de
in (e.g., ~ ten minutes)	在 … 之后	zài … zhī hòu
over (across the top of)	跨过	kuà guò

5. Function words. Adverbs. Part 1

Where? (at, in)	在哪儿?	zài nǎr?
here (adv)	在这儿	zài zhèr
there (adv)	那儿	nàr
somewhere (to be)	某处	mǒu chù
nowhere (not anywhere)	无处	wú chù
by (near, beside)	在 … 旁边	zài … páng biān
by the window	在窗户旁边	zài chuānghu páng biān
Where (to)?	到哪儿?	dào nǎr?
here (e.g., come ~!)	到这儿	dào zhèr
there (e.g., to go ~)	往那边	wǎng nà bian
from here (adv)	从这里	cóng zhè lǐ
from there (adv)	从那里	cóng nà lǐ
close (adv)	附近	fù jìn
far (adv)	远	yuǎn
near (e.g., ~ Paris)	在 … 附近	zài … fù jìn
nearby (adv)	在附近，在近处	zài fù jìn, zài jìn chù
not far (adv)	不远	bù yuǎn
left (adj)	左边的	zuǒ bian de
on the left	在左边	zài zuǒ bian
to the left	往左	wàng zuǒ
right (adj)	右边的	yòu bian de
on the right	在右边	zài yòu bian
to the right	往右	wàng yòu
in front (adv)	在前面	zài qián miàn
front (as adj)	前 …，前面的	qián …, qián miàn de
ahead (the kids ran ~)	先走	xiān zǒu
behind (adv)	在后面	zài hòu miàn
from behind	从后面	cóng hòu miàn
back (towards the rear)	往后	wàng hòu
middle	中间	zhōng jiān
in the middle	在中间	zài zhōng jiān
at the side	在一边	zài yī biān
everywhere (adv)	到处	dào chù
around (in all directions)	周围	zhōu wéi
from inside	从里面	cóng lǐ miàn
somewhere (to go)	往某处	wàng mǒu chù
straight (directly)	径直地	jìng zhí de

back (e.g., come ~)	往后	wàng hòu
from anywhere	从任何地方	cóng rèn hé de fāng
from somewhere	从某处	cóng mǒu chù
firstly (adv)	第一	dì yī
secondly (adv)	第二	dì èr
thirdly (adv)	第三	dì sān
suddenly (adv)	忽然	hū rán
at first (at the beginning)	最初	zuì chū
for the first time	初次	chū cì
long before ...	··· 之前很久	... zhī qián hěn jiǔ
anew (over again)	重新	chóng xīn
for good (adv)	永远	yǒng yuǎn
never (adv)	从未	cóng wèi
again (adv)	再	zài
now (adv)	目前	mù qián
often (adv)	经常	jīng cháng
then (adv)	当时	dāng shí
urgently (quickly)	紧急地	jǐn jí de
usually (adv)	通常	tōng cháng
by the way, ...	顺便	shùn biàn
possible (that is ~)	可能	kě néng
probably (adv)	大概	dà gài
maybe (adv)	可能	kě néng
besides ...	再说 ···	zài shuō ...
that's why ...	所以 ···	suǒ yǐ ...
in spite of ...	尽管 ···	jǐn guǎn ...
thanks to ...	由于 ···	yóu yú ...
what (pron.)	什么	shén me
something	某物	mǒu wù
anything (something)	任何事	rèn hé shì
nothing	毫不，决不	háo bù, jué bù
who (pron.)	谁	shéi
someone	有人	yǒu rén
somebody	某人	mǒu rén
nobody	无人	wú rén
nowhere (a voyage to ~)	哪里都不	nǎ lǐ dōu bù
nobody's	无人的	wú rén de
somebody's	某人的	mǒu rén de
so (I'm ~ glad)	这么	zhè me
also (as well)	也	yě
too (as well)	也	yě

6. Function words. Adverbs. Part 2

Why?	为什么?	wèi shénme?
for some reason	由于某种原因	yóu yú mǒu zhǒng yuán yīn
because ...	因为 …	yīn wèi ...
for some purpose	不知为什么	bùzhī wèi shénme
and	和	hé
or	或者，还是	huò zhě, hái shì
but	但	dàn
for (e.g., ~ me)	为	wèi
too (~ many people)	太	tài
only (exclusively)	只	zhǐ
exactly (adv)	精确地	jīng què de
about (more or less)	大约	dà yuē
approximately (adv)	大概	dà gài
approximate (adj)	大概的	dà gài de
almost (adv)	差不多	chà bu duō
the rest	剩下的	shèng xià de
each (adj)	每个的	měi gè de
any (no matter which)	任何	rèn hé
many, much (a lot of)	许多	xǔ duō
many people	很多人	hěn duō rén
all (everyone)	都	dōu
in return for ...	作为交换	zuò wéi jiāo huàn
in exchange (adv)	作为交换	zuò wéi jiāo huàn
by hand (made)	手工	shǒu gōng
hardly (negative opinion)	几乎不	jī hū bù
probably (adv)	可能	kě néng
on purpose (intentionally)	故意	gù yì
by accident (adv)	偶然的	ǒu rán de
very (adv)	很	hěn
for example (adv)	例如	lì rú
between	之间	zhī jiān
among	在 … 中	zài ... zhōng
so much (such a lot)	这么多	zhè me duō
especially (adv)	特别	tè bié

T&P BOOKS

NUMBERS.
MISCELLANEOUS

T&P Books Publishing

0 zero	零	líng
1 one	一	yī
2 two	二	èr
3 three	三	sān
4 four	四	sì
5 five	五	wǔ
6 six	六	liù
7 seven	七	qī
8 eight	八	bā
9 nine	九	jiǔ
10 ten	十	shí
11 eleven	十一	shí yī
12 twelve	十二	shí èr
13 thirteen	十三	shí sān
14 fourteen	十四	shí sì
15 fifteen	十五	shí wǔ
16 sixteen	十六	shí liù
17 seventeen	十七	shí qī
18 eighteen	十八	shí bā
19 nineteen	十九	shí jiǔ
20 twenty	二十	èrshí
21 twenty-one	二十一	èrshí yī
22 twenty-two	二十二	èrshí èr
23 twenty-three	二十三	èrshí sān
30 thirty	三十	sānshí
31 thirty-one	三十一	sānshí yī
32 thirty-two	三十二	sānshí èr
33 thirty-three	三十三	sānshí sān
40 forty	四十	sìshí
41 forty-one	四十一	sìshí yī
42 forty-two	四十二	sìshí èr
43 forty-three	四十三	sìshí sān
50 fifty	五十	wǔshí
51 fifty-one	五十一	wǔshí yī
52 fifty-two	五十二	wǔshí èr
53 fifty-three	五十三	wǔshí sān
60 sixty	六十	liùshí

61 sixty-one	六十一	liùshí yī
62 sixty-two	六十二	liùshí èr
63 sixty-three	六十三	liùshí sān
70 seventy	七十	qīshí
71 seventy-one	七十一	qīshí yī
72 seventy-two	七十二	qīshí èr
73 seventy-three	七十三	qīshí sān
80 eighty	八十	bāshí
81 eighty-one	八十一	bāshí yī
82 eighty-two	八十二	bāshí èr
83 eighty-three	八十三	bāshí sān
90 ninety	九十	jiǔshí
91 ninety-one	九十一	jiǔshí yī
92 ninety-two	九十二	jiǔshí èr
93 ninety-three	九十三	jiǔshí sān

8. Cardinal numbers. Part 2

100 one hundred	一百	yī bǎi
200 two hundred	两百	liǎng bǎi
300 three hundred	三百	sān bǎi
400 four hundred	四百	sì bǎi
500 five hundred	五百	wǔ bǎi
600 six hundred	六百	liù bǎi
700 seven hundred	七百	qī bǎi
800 eight hundred	八百	bā bǎi
900 nine hundred	九百	jiǔ bǎi
1000 one thousand	一千	yī qiān
2000 two thousand	两千	liǎng qiān
3000 three thousand	三千	sān qiān
10000 ten thousand	一万	yī wàn
one hundred thousand	十万	shí wàn
million	百万	bǎi wàn
billion	十亿	shíyì

9. Ordinal numbers

first (adj)	第一	dì yī
second (adj)	第二	dì èr
third (adj)	第三	dì sān
fourth (adj)	第四	dì sì
fifth (adj)	第五	dì wǔ
sixth (adj)	第六	dì liù

seventh (adj)	第七	dì qī
eighth (adj)	第八	dì bā
ninth (adj)	第九	dì jiǔ
tenth (adj)	第十	dì shí

T&P BOOKS

COLOURS. UNITS OF MEASUREMENT

T&P Books Publishing

10. Colors

color	颜色	yán sè
shade (tint)	色调	sè diào
hue	色调	sè diào
rainbow	彩虹	cǎi hóng
white (adj)	白的	bái de
black (adj)	黑色的	hēi sè de
gray (adj)	灰色的	huī sè de
green (adj)	绿色的	lǜ sè de
yellow (adj)	黄色的	huáng sè de
red (adj)	红色的	hóng sè de
blue (adj)	蓝色的	lán sè
light blue (adj)	天蓝色的	tiānlán sè
pink (adj)	粉红色的	fěnhóng sè
orange (adj)	橙色的	chéng sè de
violet (adj)	紫色的	zǐ sè de
brown (adj)	棕色的	zōng sè de
golden (adj)	金色的	jīn sè de
silvery (adj)	银白色的	yín bái sè de
beige (adj)	浅棕色的	qiǎn zōng sè de
cream (adj)	奶油色的	nǎi yóu sè de
turquoise (adj)	青绿色的	qīng lǜ sè de
cherry red (adj)	樱桃色的	yīng táo sè de
lilac (adj)	淡紫色的	dànzǐ sè de
crimson (adj)	深红色的	shēn hóng sè de
light (adj)	淡色的	dàn sè de
dark (adj)	深色的	shēn sè de
bright, vivid (adj)	鲜艳的	xiān yàn de
colored (pencils)	有色的	yǒu sè de
color (e.g., ~ film)	彩色的	cǎi sè de
black-and-white (adj)	黑白色的	hēi bái sè de
plain (one-colored)	单色的	dān sè de
multicolored (adj)	杂色的	zá sè de

11. Units of measurement

weight	重量	zhòng liàng
length	长，长度	cháng, cháng dù

width	宽度	kuān dù
height	高度	gāo dù
depth	深度	shēn dù
volume	容量	róng liàng
area	面积	miàn jī
gram	克	kè
milligram	毫克	háo kè
kilogram	公斤	gōng jīn
ton	吨	dūn
pound	磅	bàng
ounce	盎司	àng sī
meter	米	mǐ
millimeter	毫米	háo mǐ
centimeter	厘米	límǐ
kilometer	公里	gōng lǐ
mile	英里	yīng lǐ
inch	英寸	yīng cùn
foot	英尺	yīng chǐ
yard	码	mǎ
square meter	平方米	píng fāng mǐ
hectare	公顷	gōng qǐng
liter	升	shēng
degree	度	dù
volt	伏, 伏特	fú, fú tè
ampere	安培	ān péi
horsepower	马力	mǎ lì
quantity	量	liàng
a little bit of ...	一点	yī diǎn
half	一半	yī bàn
dozen	一打	yī dá
piece (item)	个	gè
size	大小	dà xiǎo
scale (map ~)	比例	bǐ lì
minimal (adj)	最低的	zuì dī de
the smallest (adj)	最小的	zuì xiǎo de
medium (adj)	中等的	zhōng děng de
maximal (adj)	最多的	zuì duō de
the largest (adj)	最大的	zuì dà de

12. Containers

canning jar (glass ~)	玻璃罐	bōli guàn
can	罐头	guàn tou

bucket	吊桶	diào tǒng
barrel	桶	tǒng
wash basin (e.g., plastic ~)	盆	pén
tank (100 - 200L water ~)	箱	xiāng
hip flask	小酒壶	xiǎo jiǔ hú
jerrycan	汽油罐	qì yóu guàn
tank (e.g., tank car)	储水箱	chǔ shuǐ xiāng
mug	马克杯	mǎkè bēi
cup (of coffee, etc.)	杯子	bēi zi
saucer	碟子	dié zi
glass (tumbler)	杯子	bēi zi
wine glass	酒杯	jiǔ bēi
stock pot (soup pot)	炖锅	dùn guō
bottle (~ of wine)	瓶子	píng zi
neck (of the bottle, etc.)	瓶颈	píng jǐng
carafe	长颈玻璃瓶	chángjǐng bōli píng
pitcher	粘土壶	nián tǔ hú
vessel (container)	器皿	qì mǐn
pot (crock, stoneware ~)	花盆	huā pén
vase	花瓶	huā píng
bottle (perfume ~)	小瓶	xiǎo píng
vial, small bottle	小玻璃瓶	xiǎo bōli píng
tube (of toothpaste)	软管	ruǎn guǎn
sack (bag)	麻袋	má dài
bag (paper ~, plastic ~)	袋	dài
pack (of cigarettes, etc.)	包，盒	bāo, hé
box (e.g., shoebox)	盒子	hé zi
crate	箱子	xiāng zi
basket	篮子	lán zi

MAIN VERBS

T&P Books Publishing

to advise (vt)	建议	jià nyì
to agree (say yes)	同意	tóng yì
to answer (vi, vt)	回答	huí dá
to apologize (vi)	道歉	dào qiàn
to arrive (vi)	来到	lái dào
to ask (~ oneself)	问	wèn
to ask (~ sb to do sth)	请求	qǐng qiú
to be (vi)	当	dāng
to be afraid	害怕	hài pà
to be hungry	饿	è
to be interested in ...	对 … 感兴趣	duì ... gǎn xìng qù
to be needed	需要	xū yào
to be surprised	吃惊	chī jīng
to be thirsty	渴	kě
to begin (vt)	开始	kāi shǐ
to belong to ...	属于	shǔ yú
to boast (vi)	自夸	zì kuā
to break (split into pieces)	打破	dǎ pò
to call (~ for help)	呼	hū
can (v aux)	能	néng
to catch (vt)	抓住	zhuā zhù
to change (vt)	改变	gǎi biàn
to choose (select)	选	xuǎn
to come down (the stairs)	下来	xià lai
to compare (vt)	比较	bǐ jiào
to complain (vi, vt)	抱怨	bào yuàn
to confuse (mix up)	混淆	hùn xiáo
to continue (vt)	继续	jì xù
to control (vt)	控制	kòng zhì
to cook (dinner)	做饭	zuò fàn
to cost (vt)	价钱为	jià qian wèi
to count (add up)	计算	jì suàn
to count on ...	指望	zhǐ wàng
to create (vt)	创造	chuàng zào
to cry (weep)	哭	kū

14. The most important verbs. Part 2

to deceive (vi, vt)	骗	piàn
to decorate (tree, street)	装饰	zhuāng shì
to defend (a country, etc.)	保卫	bǎo wèi
to demand (request firmly)	要求	yāo qiú
to dig (vt)	挖	wā

to discuss (vt)	讨论	tǎo lùn
to do (vt)	做	zuò
to doubt (have doubts)	怀疑	huái yí
to drop (let fall)	掉	diào
to enter (room, house, etc.)	进来	jìn lái

to exist (vi)	存在	cún zài
to expect (foresee)	预见	yù jiàn
to explain (vt)	说明	shuō míng
to fall (vi)	跌倒	diē dǎo
to find (vt)	找到	zhǎo dào
to finish (vt)	结束	jié shù
to fly (vi)	飞	fēi
to follow ... (come after)	跟随	gēn suí
to forget (vi, vt)	忘	wàng

to forgive (vt)	原谅	yuán liàng
to give (vt)	给	gěi
to give a hint	暗示	àn shì
to go (on foot)	走	zǒu
to go for a swim	去游泳	qù yóu yǒng
to go out (for dinner, etc.)	走出去	zǒu chū qù
to guess (the answer)	猜中	cāi zhòng

to have (vt)	有	yǒu
to have breakfast	吃早饭	chī zǎo fàn
to have dinner	吃晚饭	chī wǎn fàn
to have lunch	吃午饭	chī wǔ fàn
to hear (vt)	听见	tīng jiàn

to help (vt)	帮助	bāng zhù
to hide (vt)	藏	cáng
to hope (vi, vt)	希望	xī wàng
to hunt (vi, vt)	打猎	dǎ liè
to hurry (vi)	赶紧	gǎn jǐn

15. The most important verbs. Part 3

| to inform (vt) | 通知 | tōng zhī |
| to insist (vi, vt) | 坚持 | jiān chí |

to insult (vt)	侮辱	wǔ rǔ
to invite (vt)	邀请	yāo qǐng
to joke (vi)	开玩笑	kāi wán xiào
to keep (vt)	保存	bǎo cún
to keep silent	沉默	chén mò
to kill (vt)	杀死	shā sǐ
to know (sb)	认识	rèn shi
to know (sth)	知道	zhī dào
to laugh (vi)	笑	xiào
to liberate (city, etc.)	解放	jiě fàng
to like (I like ...)	喜欢	xǐ huan
to look for ... (search)	寻找	xún zhǎo
to love (sb)	爱	ài
to make a mistake	犯错	fàn cuò
to manage, to run	管理	guǎn lǐ
to mean (signify)	表示	biǎo shì
to mention (talk about)	提到	tí dào
to miss (school, etc.)	错过	cuò guò
to notice (see)	注意到	zhù yì dào
to object (vi, vt)	反对	fǎn duì
to observe (see)	观察	guān chá
to open (vt)	开	kāi
to order (meal, etc.)	订	dìng
to order (mil.)	命令	mìng lìng
to own (possess)	拥有	yōng yǒu
to participate (vi)	参与	cān yù
to pay (vi, vt)	付，支付	fù, zhī fù
to permit (vt)	允许	yǔn xǔ
to plan (vt)	计划	jì huà
to play (children)	玩	wán
to pray (vi, vt)	祈祷	qí dǎo
to prefer (vt)	宁愿	nìng yuàn
to promise (vt)	承诺	chéng nuò
to pronounce (vt)	发音	fā yīn
to propose (vt)	提议	tí yì
to punish (vt)	惩罚	chéng fá

16. The most important verbs. Part 4

to read (vi, vt)	读	dú
to recommend (vt)	推荐	tuī jiàn
to refuse (vi, vt)	拒绝	jù jué
to regret (be sorry)	后悔	hòu huǐ
to rent (sth from sb)	租房	zū fáng

to repeat (say again)	重复	chóng fù
to reserve, to book	预订	yù dìng
to run (vi)	跑	pǎo
to save (rescue)	救出	jiù chū
to say (~ thank you)	说	shuō

to scold (vt)	责骂	zé mà
to see (vt)	见，看见	jiàn, kàn jiàn
to sell (vt)	卖	mài
to send (vt)	寄	jì
to shoot (vi)	射击	shè jī

to shout (vi)	叫喊	jiào hǎn
to show (vt)	展示	zhǎn shì
to sign (document)	签名	qiān míng
to sit down (vi)	坐下	zuò xia

to smile (vi)	微笑	wēi xiào
to speak (vi, vt)	说	shuō
to steal (money, etc.)	偷窃	tōu qiè
to stop (for pause, etc.)	停	tíng
to stop (please ~ calling me)	停止	tíng zhǐ

to study (vt)	学习	xué xí
to swim (vi)	游泳	yóuyǒng
to take (vt)	拿	ná
to think (vi, vt)	想	xiǎng
to threaten (vt)	威胁	wēi xié

to touch (with hands)	摸	mō
to translate (vt)	翻译	fān yì
to trust (vt)	信任	xìn rèn
to try (attempt)	试图	shì tú
to turn (e.g., ~ left)	转弯	zhuǎn wān

to underestimate (vt)	轻视	qīng shì
to understand (vt)	明白	míng bai
to unite (vt)	联合	lián hé
to wait (vt)	等	děng

to want (wish, desire)	想，想要	xiǎng, xiǎng yào
to warn (vt)	警告	jǐng gào
to work (vi)	工作	gōng zuò
to write (vt)	写	xiě
to write down	记录	jì lù

TIME. CALENDAR

T&P Books Publishing

17. Weekdays

Monday	星期一	xīng qī yī
Tuesday	星期二	xīng qī èr
Wednesday	星期三	xīng qī sān
Thursday	星期四	xīng qī sì
Friday	星期五	xīng qī wǔ
Saturday	星期六	xīng qī liù
Sunday	星期天	xīng qī tiān
today (adv)	今天	jīn tiān
tomorrow (adv)	明天	míng tiān
the day after tomorrow	后天	hòu tiān
yesterday (adv)	昨天	zuó tiān
the day before yesterday	前天	qián tiān
day	白天	bái tiān
working day	工作日	gōng zuò rì
public holiday	节日	jié rì
day off	休假日	xiū jià rì
weekend	周末	zhōu mò
all day long	一整天	yī zhěng tiān
the next day (adv)	次日	cì rì
two days ago	两天前	liǎng tiān qián
the day before	前一天	qián yī tiān
daily (adj)	每天的	měi tiān de
every day (adv)	每天地	měi tiān de
week	星期	xīng qī
last week (adv)	上星期	shàng xīng qī
next week (adv)	次周	cì zhōu
weekly (adj)	每周的	měi zhōu de
every week (adv)	每周	měi zhōu
twice a week	一周两次	yīzhōu liǎngcì
every Tuesday	每个星期二	měi gè xīng qī èr

18. Hours. Day and night

morning	早晨	zǎo chén
in the morning	在上午	zài shàng wǔ
noon, midday	中午	zhōng wǔ
in the afternoon	在下午	zài xià wǔ
evening	晚间	wǎn jiān

in the evening	在晚上	zài wǎn shang
night	夜晚	yè wǎn
at night	夜间	yè jiān
midnight	午夜	wǔ yè

second	秒	miǎo
minute	分钟	fēn zhōng
hour	小时	xiǎo shí
half an hour	半小时	bàn xiǎo shí
a quarter-hour	一刻钟	yī kè zhōng
fifteen minutes	十五分钟	shíwǔ fēn zhōng
24 hours	昼夜	zhòuyè

sunrise	日出	rì chū
dawn	黎明	lí míng
early morning	清晨	qīng chén
sunset	日落	rì luò

early in the morning	一大早地	yī dà zǎo de
this morning	今天早上	jīntiān zǎo shang
tomorrow morning	明天早上	míngtiān zǎo shang

this afternoon	今天下午	jīntiān xià wǔ
in the afternoon	在下午	zài xià wǔ
tomorrow afternoon	明天下午	míngtiān xià wǔ

| tonight (this evening) | 今晚 | jīn wǎn |
| tomorrow night | 明天晚上 | míngtiān wǎn shang |

| about 4 o'clock | 快到四点钟了 | kuài dào sì diǎnzhōng le |
| by 12 o'clock | 十二点钟 | shí èr diǎnzhōng |

in 20 minutes	二十分钟 以后	èrshí fēnzhōng yǐhòu
in an hour	在一个小时	zài yī gè xiǎo shí
on time (adv)	按时	àn shí

a quarter of ...	差一刻	chà yī kè
within an hour	一小时内	yī xiǎo shí nèi
every 15 minutes	每个十五分钟	měi gè shíwǔ fēnzhōng
round the clock	日夜	rì yè

19. Months. Seasons

January	一月	yī yuè
February	二月	èr yuè
March	三月	sān yuè
April	四月	sì yuè
May	五月	wǔ yuè
June	六月	liù yuè
July	七月	qī yuè

August	八月	bā yuè
September	九月	jiǔ yuè
October	十月	shí yuè
November	十一月	shí yī yuè
December	十二月	shí èr yuè

spring	春季，春天	chūn jì
in spring	在春季	zài chūn jì
spring (as adj)	春天的	chūn tiān de

summer	夏天	xià tiān
in summer	在夏天	zài xià tiān
summer (as adj)	夏天的	xià tiān de

fall	秋天	qiū tiān
in fall	在秋季	zài qiū jì
fall (as adj)	秋天的	qiū tiān de

winter	冬天	dōng tiān
in winter	在冬季	zài dōng jì
winter (as adj)	冬天的	dōng tiān de

month	月，月份	yuè, yuèfèn
this month	本月	běn yuè
next month	次月	cì yuè
last month	上个月	shàng gè yuè

a month ago	一个月前	yī gè yuè qián
in a month (a month later)	在一个月	zài yī gè yuè
in 2 months (2 months later)	过两个月	guò liǎng gè yuè
the whole month	整个月	zhěnggè yuè
all month long	整个月	zhěnggè yuè

monthly (~ magazine)	每月的	měi yuè de
monthly (adv)	每月	měi yuè
every month	每月	měi yuè
twice a month	一个月两次	yī gè yuè liǎngcì

year	年	nián
this year	今年，本年度	jīn nián, běn nián dù
next year	次年	cì nián
last year	去年	qù nián

a year ago	一年前	yī nián qián
in a year	在一年	zài yī nián
in two years	过两年	guò liǎng nián
the whole year	一整年	yī zhěng nián
all year long	表示一整年	biǎo shì yī zhěng nián

| every year | 每年 | měi nián |
| annual (adj) | 每年的 | měi nián de |

annually (adv)	每年	měi nián
4 times a year	一年四次	yī nián sì cì
date (e.g., today's ~)	日期	rìqī
date (e.g., ~ of birth)	日期	rìqī
calendar	日历	rìlì
half a year	半年	bàn nián
six months	半年	bàn nián
season (summer, etc.)	季节	jì jié
century	世纪	shì jì

TRAVEL. HOTEL

USD CAD
EUR CHF
JPY HKD
GBP CNY

RECEPTION

T&P Books Publishing

20. Trip. Travel

tourism, travel	旅游	lǚ yóu
tourist	旅行者	lǚ xíng zhě
trip, voyage	旅行	lǚ xíng
adventure	冒险	mào xiǎn
trip, journey	旅行	lǚ xíng
vacation	休假	xiū jià
to be on vacation	放假	fàng jià
rest	休息	xiū xi
train	火车	huǒ chē
by train	乘火车	chéng huǒchē
airplane	飞机	fēijī
by airplane	乘飞机	chéng fēijī
by car	乘汽车	chéng qìchē
by ship	乘船	chéng chuán
luggage	行李	xíng li
suitcase	手提箱	shǒu tí xiāng
luggage cart	行李车	xíng li chē
passport	护照	hù zhào
visa	签证	qiān zhèng
ticket	票	piào
air ticket	飞机票	fēijī piào
guidebook	旅行指南	lǚ xíng zhǐ nán
map (tourist ~)	地图	dì tú
area (rural ~)	地方	dì fang
place, site	地方	dì fang
exotica (n)	尖蕊鸢尾	jiān ruǐ yuān wěi
exotic (adj)	外来的	wài lái de
amazing (adj)	惊人的	jīng rén de
group	组	zǔ
excursion, sightseeing tour	游览	yóu lǎn
guide (person)	导游	dǎo yóu

21. Hotel

hotel	酒店	jiǔ diàn
motel	汽车旅馆	qì chē lǚ guǎn

three-star	三星级	sān xīng jí
five-star	五星级	wǔ xīng jí
to stay (in hotel, etc.)	暂住	zàn zhù

room	房间	fáng jiān
single room	单人间	dān rén jiān
double room	双人间	shuāng rén jiān
to book a room	订房间	dìng fáng jiān

| half board | 半膳宿 | bàn shàn sù |
| full board | 全食宿 | quán shí sù |

with bath	带洗澡间	dài xǐ zǎo jiān
with shower	带有淋浴	dài yǒu lín yù
satellite television	卫星电视	wèixīng diànshì
air-conditioner	空调	kōng tiáo
towel	毛巾，浴巾	máo jīn, yù jīn
key	钥匙	yào shi

administrator	管理者	guǎn lǐ zhě
chambermaid	女服务员	nǔ fú wù yuán
porter, bellboy	行李生	xíng li shēng
doorman	看门人	kān mén rén

restaurant	饭馆	fàn guǎn
pub, bar	酒吧	jiǔ bā
breakfast	早饭	zǎo fàn
dinner	晚餐	wǎn cān
buffet	自助餐	zì zhù cān

| lobby | 大厅 | dà tīng |
| elevator | 电梯 | diàn tī |

| DO NOT DISTURB | 请勿打扰 | qǐng wù dǎ rǎo |
| NO SMOKING | 禁止吸烟 | jìnzhǐ xīyān |

22. Sightseeing

monument	纪念像	jì niàn xiàng
fortress	堡垒	bǎo lěi
palace	宫殿	gōng diàn
castle	城堡	chéng bǎo
tower	塔	tǎ
mausoleum	陵墓	líng mù

architecture	建筑	jiàn zhù
medieval (adj)	中世纪的	zhōng shì jì de
ancient (adj)	古老的	gǔ lǎo de
national (adj)	国家，国民	guó jiā, guó mín
well-known (adj)	有名的	yǒu míng de

tourist	旅行者	lǚ xíng zhě
guide (person)	导游	dǎo yóu
excursion, sightseeing tour	游览	yóu lǎn
to show (vt)	把 … 给 … 看	bǎ … gěi … kàn
to tell (vt)	讲	jiǎng

to find (vt)	找到	zhǎo dào
to get lost (lose one's way)	迷路	mí lù
map (e.g., subway ~)	地图	dì tú
map (e.g., city ~)	地图	dì tú

souvenir, gift	纪念品	jì niàn pǐn
gift shop	礼品店	lǐ pǐn diàn
to take pictures	拍照	pāi zhào
to have one's picture taken	拍照	pāi zhào

T&P BOOKS

TRANSPORTATION

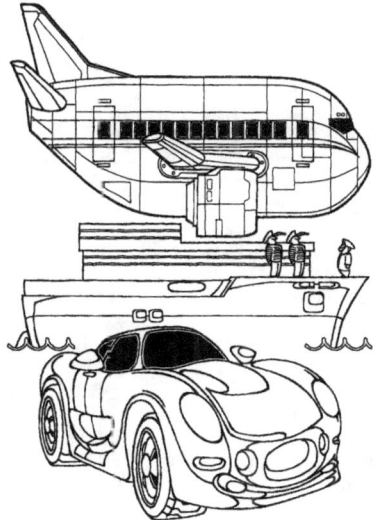

T&P Books Publishing

23. Airport

airport	机场	jī chǎng
airplane	飞机	fēijī
airline	航空公司	hángkōng gōngsī
air traffic controller	调度员	diào dù yuán
departure	出发	chū fā
arrival	到达	dào dá
to arrive (by plane)	到达	dào dá
departure time	起飞时间	qǐ fēi shíjiān
arrival time	到达时间	dào dá shíjiān
to be delayed	晚点	wǎn diǎn
flight delay	班机晚点	bān jī wǎn diǎn
information board	航班信息板	háng bān xìn xī bǎn
information	信息	xìn xī
to announce (vt)	通知	tōng zhī
flight (e.g., next ~)	航班，班机	háng bān, bān jī
customs	海关	hǎi guān
customs officer	海关人员	hǎi guān rényuán
customs declaration	报关单	bào guān dān
to fill out the declaration	填报关单	tián bào guān dān
passport control	护照检查	hùzhào jiǎnchá
luggage	行李	xíng li
hand luggage	手提行李	shǒu tí xíng li
Lost Luggage Desk	失物招领	shī wù zhāo lǐng
luggage cart	行李车	xíng li chē
landing	着陆	zhuó lù
landing strip	跑道	pǎo dào
to land (vi)	着陆	zhuó lù
airstairs	舷梯	xián tī
check-in	办理登机	bàn lǐ dēng jī
check-in desk	办理登机手续处	bàn lǐ dēng jī shǒu xù chù
to check-in (vi)	登记	dēng jì
boarding pass	登机牌	dēng jī pái
departure gate	登机口	dēng jī kǒu
transit	中转	zhōng zhuǎn
to wait (vt)	等候	děng hòu

departure lounge	出发大厅	chū fā dà tīng
to see off	送别	sòng bié
to say goodbye	说再见	shuō zài jiàn

24. Airplane

airplane	飞机	fēijī
air ticket	飞机票	fēijī piào
airline	航空公司	hángkōng gōngsī
airport	机场	jī chǎng
supersonic (adj)	超音速的	chāo yīn sù de

captain	机长	jī zhǎng
crew	机组	jī zǔ
pilot	飞行员	fēi xíng yuán
flight attendant	空姐	kōng jiě
navigator	领航员	lǐng háng yuán

wings	机翼	jī yì
tail	机尾	jī wěi
cockpit	座舱	zuò cāng
engine	发动机	fā dòng jī
undercarriage (landing gear)	起落架	qǐ luò jià
turbine	涡轮	wō lún

propeller	螺旋桨	luó xuán jiǎng
black box	黑匣子	hēi xiá zi
yoke (control column)	飞机驾驶盘	fēijī jiàshǐpán
fuel	燃料	rán liào
safety card	指南	zhǐ nán
oxygen mask	氧气面具	yǎngqì miànjù
uniform	制服	zhì fú
life vest	救生衣	jiù shēng yī
parachute	降落伞	jiàng luò sǎn

takeoff	起飞	qǐ fēi
to take off (vi)	起飞	qǐ fēi
runway	跑道	pǎo dào

visibility	可见度	kě jiàn dù
flight (act of flying)	飞行	fēi xíng
altitude	高度	gāo dù
air pocket	气潭	qì tán

seat	座位	zuò wèi
headphones	耳机	ěr jī
folding tray (tray table)	折叠托盘	zhé dié tuō pán
airplane window	舷窗，机窗	xián chuāng, jī chuāng
aisle	过道	guò dào

25. Train

train	火车	huǒ chē
commuter train	电动火车	diàndòng huǒ chē
express train	快车	kuài chē
diesel locomotive	内燃机车	nèiránjī chē
steam locomotive	蒸汽机车	zhēngqìjī chē

passenger car	铁路客车	tiě lù kè chē
dining car	餐车	cān chē

rails	铁轨	tiě guǐ
railroad	铁路	tiě lù
railway tie	枕木	zhěn mù

platform (railway ~)	月台	yuè tái
track (~ 1, 2, etc.)	月台	yuè tái
semaphore	臂板信号机	bìbǎn xìnhào jī
station	火车站	huǒ chē zhàn

engineer (train driver)	火车司机	huǒ chē sī jī
porter (of luggage)	搬运工	bān yùn gōng
car attendant	列车员	liè chē yuán
passenger	乘客	chéng kè
conductor (ticket inspector)	列车员	liè chē yuán

corridor (in train)	走廊	zǒu láng
emergency brake	紧急制动器	jǐn jí zhì dòng qì

compartment	包房	bāo fáng
berth	卧铺	wò pù
upper berth	上铺	shàng pù
lower berth	下铺	xià pù
bed linen, bedding	被单	bèi dān

ticket	票	piào
schedule	列车时刻表	lièchē shíkèbiǎo
information display	时刻表	shí kè biǎo

to leave, to depart	离开	lí kāi
departure (of train)	发车	fā chē
to arrive (ab. train)	到达	dào dá
arrival	到达	dào dá

to arrive by train	乘坐火车抵达	chéngzuò huǒchē dǐdá
to get on the train	上车	shàng chē
to get off the train	下车	xià chē

steam locomotive	蒸汽机车	zhēngqìjī chē
stoker, fireman	添煤工	tiān méi gōng

firebox	火箱	huǒ xiāng
coal	煤炭	méi tàn

26. Ship

ship	大船	dà chuán
vessel	船	chuán

steamship	汽船	qì chuán
riverboat	江轮	jiāng lún
cruise ship	远洋班轮	yuǎn yáng bān lún
cruiser	巡洋舰	xún yáng jiàn

yacht	快艇	kuài tǐng
tugboat	拖轮	tuō lún
barge	驳船	bó chuán
ferry	渡轮，渡船	dù lún, dù chuán

sailing ship	帆船	fān chuán
brigantine	双桅帆船	shuāng wéi fān chuán

ice breaker	破冰船	pò bīng chuán
submarine	潜水艇	qián shuǐ tǐng

boat (flat-bottomed ~)	小船	xiǎo chuán
dinghy	小艇	xiǎo tǐng
lifeboat	救生艇	jiù shēng tǐng
motorboat	汽艇	qì tǐng

captain	船长，舰长	chuán zhǎng, jiàn zhǎng
seaman	水手	shuǐ shǒu
sailor	海员	hǎi yuán
crew	船员	chuán yuán

boatswain	水手长	shuǐ shǒu zhǎng
ship's boy	小水手	xiǎo shuǐ shǒu
cook	船上厨师	chuánshàng chúshī
ship's doctor	随船医生	suí chuán yī shēng

deck	甲板	jiǎ bǎn
mast	桅	wéi
sail	帆	fān

hold	货舱	huò cāng
bow (prow)	船头	chuán tóu
stern	船尾	chuán wěi
oar	桨	jiǎng
screw propeller	螺旋桨	luó xuán jiǎng
cabin	小舱	xiǎo cāng
wardroom	旅客休息室	lǚkè xiū xī shì

engine room	轮机舱	lún jī cāng
bridge	舰桥	jiàn qiáo
radio room	无线电室	wú xiàn diàn shì
wave (radio)	波	bō
logbook	航海日志	háng hǎi rì zhì
spyglass	单筒望远镜	dān tǒng wàng yuǎn jìng
bell	钟	zhōng
flag	旗	qí
rope (mooring ~)	缆绳	lǎn shéng
knot (bowline, etc.)	结	jié
deckrails	栏杆	lán gān
gangway	舷梯	xián tī
anchor	锚	máo
to weigh anchor	起锚	qǐ máo
to drop anchor	抛锚	pāo máo
anchor chain	锚链	máo liàn
port (harbor)	港市	gǎng shì
quay, wharf	码头	mǎ tóu
to berth (moor)	系泊	jì bó
to cast off	启航	qǐ háng
trip, voyage	旅行	lǚ xíng
cruise (sea trip)	航游	háng yóu
course (route)	航向	háng xiàng
route (itinerary)	航线	háng xiàn
fairway	水路	shuǐ lù
shallows	浅水	qiǎn shuǐ
to run aground	搁浅	gē qiǎn
storm	风暴	fēng bào
signal	信号	xìn hào
to sink (vi)	沉没	chén mò
SOS (distress signal)	求救信号	qiú jiù xìn hào
ring buoy	救生圈	jiù shēng quān

T&P BOOKS

CITY

T&P Books Publishing

bus	公共汽车	gōnggòng qìchē
streetcar	电车	diànchē
trolley bus	无轨电车	wúguǐ diànchē
route (of bus, etc.)	路线	lù xiàn
number (e.g., bus ~)	号	hào
to go by …	… 去	… qù
to get on (~ the bus)	上车	shàng chē
to get off …	下车	xià chē
stop (e.g., bus ~)	车站	chē zhàn
next stop	下一站	xià yī zhàn
terminus	终点站	zhōng diǎn zhàn
schedule	时刻表	shí kè biǎo
to wait (vt)	等	děng
ticket	票	piào
fare	票价	piào jià
cashier (ticket seller)	出纳	chū nà
ticket inspection	查验车票	chá yàn chē piào
ticket inspector	售票员	shòu piào yuán
to be late (for …)	误点	wù diǎn
to miss (~ the train, etc.)	未赶上	wèi gǎn shàng
to be in a hurry	急忙	jí máng
taxi, cab	出租车	chūzūchē
taxi driver	出租车司机	chūzūchē sī jī
by taxi	乘出租车	chéng chūzūchē
taxi stand	出租车站	chūzūchē zhàn
to call a taxi	叫计程车	jiào jì chéng chē
to take a taxi	乘出租车	chéng chūzūchē
traffic	交通	jiāo tōng
traffic jam	堵车	dǔ chē
rush hour	高峰 时间	gāo fēng shí jiān
to park (vi)	停放	tíng fàng
to park (vt)	停放	tíng fàng
parking lot	停车场	tíng chē cháng
subway	地铁	dì tiě
station	站	zhàn
to take the subway	坐地铁	zuò dì tiě

| train | 火车 | huǒ chē |
| train station | 火车站 | huǒ chē zhàn |

28. City. Life in the city

city, town	城市	chéng shì
capital city	首都	shǒu dū
village	村庄	cūn zhuāng

city map	城市地图	chéng shì dìtú
downtown	城市中心	chéng shì zhōngxīn
suburb	郊区	jiāo qū
suburban (adj)	郊区的	jiāo qū de

outskirts	郊区	jiāo qū
environs (suburbs)	周围地区	zhōuwéi dì qū
city block	街区	jiē qū
residential block (area)	住宅区	zhù zhái qū

traffic	交通	jiāo tōng
traffic lights	红绿灯	hóng lǜ dēng
public transportation	公共交通	gōng gòng jiāo tōng
intersection	十字路口	shí zì lù kǒu

crosswalk	人行横道	rén xíng héng dào
pedestrian underpass	人行地道	rén xíng dìdào
to cross (~ the street)	穿马路	chuān mǎ lù
pedestrian	行人	xíng rén
sidewalk	人行道	rén xíng dào

bridge	桥	qiáo
embankment (river walk)	堤岸	dī àn
fountain	喷泉	pēn quán

allée (garden walkway)	小巷	xiǎo xiàng
park	公园	gōng yuán
boulevard	林荫大道	lín yìn dàdào
square	广场	guǎng chǎng
avenue (wide street)	大街	dàjiē
street	路	lù
side street	胡同	hú tòng
dead end	死胡同	sǐ hú tòng

house	房子	fáng zi
building	楼房，大厦	lóufáng, dàshà
skyscraper	摩天大楼	mó tiān dà lóu

facade	正面	zhèng miàn
roof	房顶	fáng dǐng
window	窗户	chuāng hu

arch	拱门	gǒng mén
column	柱	zhù
corner	拐角	guǎi jiǎo

store window	商店橱窗	shāng diàn chú chuāng
signboard (store sign, etc.)	招牌	zhāo pái
poster	海报	hǎi bào
advertising poster	广告画	guǎnggào huà
billboard	广告牌	guǎnggào pái

garbage, trash	垃圾	lā jī
trashcan (public ~)	垃圾桶	lā jī tǒng
to litter (vi)	乱扔	luàn rēng
garbage dump	垃圾堆	lājī duī

phone booth	电话亭	diàn huà tíng
lamppost	路灯	lù dēng
bench (park ~)	长椅	chángyǐ

police officer	警察	jǐng chá
police	警察	jǐng chá
beggar	乞丐	qǐgài

29. Urban institutions

store	商店	shāng diàn
drugstore, pharmacy	药房	yào fáng
eyeglass store	眼镜店	yǎn jìng diàn
shopping mall	百货商店	bǎihuò shāngdiàn
supermarket	超市	chāo shì

bakery	面包店	miànbāo diàn
baker	面包师	miànbāo shī
candy store	糖果店	tángguǒ diàn
butcher shop	肉铺	ròu pù

| produce store | 水果店 | shuǐ guǒ diàn |
| market | 市场 | shì chǎng |

coffee house	咖啡馆	kāfēi guǎn
restaurant	饭馆	fàn guǎn
pub, bar	酒吧	jiǔ bā
pizzeria	比萨饼店	bǐ sà bǐng diàn

hair salon	理发店	lǐ fà diàn
post office	邮局	yóu jú
dry cleaners	干洗店	gān xǐ diàn
photo studio	照相馆	zhào xiàng guǎn
shoe store	鞋店	xié diàn
bookstore	书店	shū diàn

sporting goods store	体育用品店	tǐ yù yòng pǐn diàn
clothes repair shop	修衣服店	xiū yī fu diàn
formal wear rental	服装出租	fú zhuāng chū zū
video rental store	DVD出租店	diwidi chūzūdiàn
circus	马戏团	mǎ xì tuán
zoo	动物园	dòng wù yuán
movie theater	电影院	diànyǐng yuàn
museum	博物馆	bó wù guǎn
library	图书馆	tú shū guǎn
theater	剧院	jù yuàn
opera (opera house)	歌剧院	gē jù yuàn
nightclub	夜总会	yè zǒng huì
casino	赌场	dǔ chǎng
mosque	清真寺	qīng zhēn sì
synagogue	犹太教堂	yóu tài jiào táng
cathedral	大教堂	dà jiào táng
temple	庙宇, 教堂	miào yǔ, jiào táng
church	教堂	jiào táng
college	学院	xué yuàn
university	大学	dà xué
school	学校	xué xiào
city hall	市政厅	shì zhèng tīng
hotel	酒店	jiǔ diàn
bank	银行	yín háng
embassy	大使馆	dà shǐ guǎn
travel agency	旅行社	lǚ xíng shè
information office	问询处	wèn xún chù
currency exchange	货币兑换处	huòbì duì huàn chù
subway	地铁	dì tiě
hospital	医院	yī yuàn
gas station	加油站	jiā yóu zhàn
parking lot	停车场	tíng chē cháng

30. Signs

signboard (store sign, etc.)	招牌	zhāo pái
notice (door sign, etc.)	题词	tí cí
poster	宣传画	xuān chuán huà
direction sign	指路标志	zhǐ lù biāo zhì
arrow (sign)	箭头	jiàn tóu
caution	警告	jǐng gào
warning sign	警告	jǐng gào

to warn (vt)	警告	jǐng gào
rest day (weekly ~)	休假日	xiū jià rì
timetable (schedule)	时刻表	shí kè biǎo
opening hours	营业时间	yíng yè shí jiān

WELCOME!	欢迎光临	huān yíng guāng lín
ENTRANCE	入口	rù kǒu
EXIT	出口	chū kǒu

PUSH	推	tuī
PULL	拉	lā
OPEN	开门	kāi mén
CLOSED	关门	guān mén

| WOMEN | 女洗手间 | nǚ xǐshǒujiān |
| MEN | 男洗手间 | nán xǐshǒujiān |

DISCOUNTS	折扣	zhé kòu
SALE	销售	xiāoshòu
NEW!	新品!	xīnpǐn!
FREE	免费	miǎn fèi

ATTENTION!	请注意	qǐng zhù yì
NO VACANCIES	客满	kè mǎn
RESERVED	留座	liú zuò

| ADMINISTRATION | 高层管理者 | gāocéng guǎnlǐ zhě |
| STAFF ONLY | 仅限员工通行 | jǐn xiàn yuángōng tōngxíng |

BEWARE OF THE DOG!	当心狗!	dāng xīn gǒu!
NO SMOKING	禁止吸烟	jìnzhǐ xīyān
DO NOT TOUCH!	禁止触摸	jìn zhǐ chù mō

DANGEROUS	危险	wēi xiǎn
DANGER	危险	wēi xiǎn
HIGH VOLTAGE	高压危险	gāo yā wēi xiǎn
NO SWIMMING!	禁止游泳	jìnzhǐ yóuyǒng
OUT OF ORDER	故障中	gù zhàng zhōng

FLAMMABLE	易燃物质	yì rán wù zhì
FORBIDDEN	禁止	jìn zhǐ
NO TRESPASSING!	禁止通行	jìnzhǐ tōng xíng
WET PAINT	油漆未干	yóu qī wèi gān

31. Shopping

to buy (purchase)	买, 购买	mǎi, gòu mǎi
purchase	购买	gòu mǎi
to go shopping	去买东西	qù mǎi dōng xi
shopping	购物	gòu wù

to be open (ab. store)	营业	yíng yè
to be closed	关门	guān mén

footwear, shoes	鞋类	xié lèi
clothes, clothing	服装	fú zhuāng
cosmetics	化妆品	huà zhuāng pǐn
food products	食品	shí pǐn
gift, present	礼物	lǐ wù

salesman	售货员	shòu huò yuán
saleswoman	女售货员	nǚ shòuhuò yuán

check out, cash desk	收银台	shōu yín tái
mirror	镜子	jìng zi
counter (store ~)	柜台	guì tái
fitting room	试衣间	shì yī jiān

to try on	试穿	shì chuān
to fit (ab. dress, etc.)	合适	hé shì
to like (I like ...)	喜欢	xǐ huan

price	价格	jià gé
price tag	价格标签	jià gé biāo qiān
to cost (vt)	价钱为	jià qian wèi
How much?	多少钱?	duōshao qián?
discount	折扣	zhé kòu

inexpensive (adj)	不贵的	bù guì de
cheap (adj)	便宜的	pián yi de
expensive (adj)	贵的	guì de
It's expensive	这个太贵	zhège tàiguì

rental (n)	出租	chū zū
to rent (~ a tuxedo)	租用	zū yòng
credit (trade credit)	赊购	shē gòu
on credit (adv)	赊欠	shē qiàn

T&P BOOKS

CLOTHING & ACCESSORIES

T&P Books Publishing

32. Outerwear. Coats

clothes	服装	fú zhuāng
outerwear	外衣, 上衣	wài yī, shàng yī
winter clothing	寒衣	hán yī
coat (overcoat)	大衣	dà yī
fur coat	皮大衣	pí dà yī
fur jacket	皮草短外套	pí cǎo duǎn wài tào
down coat	羽绒服	yǔ róng fú
jacket (e.g., leather ~)	茄克衫	jiā kè shān
raincoat (trenchcoat, etc.)	雨衣	yǔ yī
waterproof (adj)	不透水的	bù tòu shuǐ de

33. Men's & women's clothing

shirt (button shirt)	衬衫	chèn shān
pants	裤子	kù zi
jeans	牛仔裤	niú zǎi kù
suit jacket	西服上衣	xī fú shàng yī
suit	套装	tào zhuāng
dress (frock)	连衣裙	lián yī qún
skirt	裙子	qún zi
blouse	女衬衫	nǚ chèn shān
knitted jacket (cardigan, etc.)	针织毛衣	zhēn zhī máo yī
jacket (of woman's suit)	茄克衫	jiā kè shān
T-shirt	T恤	T xù
shorts (short trousers)	短裤	duǎn kù
tracksuit	运动服	yùn dòng fú
bathrobe	浴衣	yù yī
pajamas	睡衣	shuì yī
sweater	毛衣	máo yī
pullover	套头衫	tào tóu shān
vest	马甲	mǎ jiǎ
tailcoat	燕尾服	yàn wěi fú
tuxedo	无尾礼服	wú wěi lǐ fú
uniform	制服	zhì fú
workwear	工作服	gōng zuò fú

overalls	连体服	lián tǐ fú
coat (e.g., doctor's smock)	医师服	yī shī fú

34. Clothing. Underwear

underwear	内衣	nèi yī
undershirt (A-shirt)	汗衫	hàn shān
socks	短袜	duǎn wà
nightgown	睡衣	shuì yī
bra	乳罩	rǔ zhào
knee highs (knee-high socks)	膝上袜	xī shàng wà
pantyhose	连裤袜	lián kù wà
stockings (thigh highs)	长筒袜	cháng tǒng wà
bathing suit	游泳衣	yóu yǒng yī

35. Headwear

hat	帽子	mào zi
fedora	礼帽	lǐ mào
baseball cap	棒球帽	bàng qiú mào
flatcap	鸭舌帽	yā shé mào
beret	贝雷帽	bèi léi mào
hood	风帽	fēng mào
panama hat	巴拿马草帽	bānámǎ cǎo mào
knit cap (knitted hat)	针织帽	zhēn zhī mào
headscarf	头巾	tóujīn
women's hat	女式帽	nǚshì mào
hard hat	安全帽	ān quán mào
garrison cap	船形帽	chuán xíng mào
helmet	头盔	tóu kuī
derby	圆顶礼帽	yuán dǐng lǐ mào
top hat	大礼帽	dà lǐ mào

36. Footwear

footwear	鞋类	xié lèi
shoes (men's shoes)	短靴	duǎn xuē
shoes (women's shoes)	翼尖鞋	yì jiān xié
boots (cowboy ~)	靴子	xuē zi
slippers	拖鞋	tuō xié

tennis shoes (e.g., Nike ~)	运动鞋	yùndòng xié
sneakers (e.g., Converse ~)	胶底运动鞋	jiāodǐ yùndòng xié
sandals	凉鞋	liáng xié

cobbler (shoe repairer)	鞋匠	xié jiàng
heel	鞋后跟	xié hòu gēn
pair (of shoes)	一双	yī shuāng

shoestring	鞋带	xié dài
to lace (vt)	系鞋带	jì xié dài
shoehorn	鞋拔	xié bá
shoe polish	鞋油	xié yóu

37. Personal accessories

gloves	手套	shǒu tào
mittens	连指手套	lián zhǐ shǒu tào
scarf (muffler)	围巾	wéi jīn

glasses (eyeglasses)	眼镜	yǎn jìng
frame (eyeglass ~)	眼镜框	yǎn jìng kuàng
umbrella	雨伞	yǔ sǎn
walking stick	手杖	shǒu zhàng
hairbrush	梳子	shū zi
fan	扇子	shàn zi

tie (necktie)	领带	lǐng dài
bow tie	领结	lǐng jié
suspenders	吊裤带	diào kù dài
handkerchief	手帕	shǒu pà

comb	梳子	shū zi
barrette	发夹	fà jiā
hairpin	发针	fà zhēn
buckle	皮带扣	pí dài kòu

| belt | 腰带 | yāo dài |
| shoulder strap | 肩带 | jiān dài |

bag (handbag)	包	bāo
purse	女手提包	nǚ shǒutí bāo
backpack	背包	bēi bāo

38. Clothing. Miscellaneous

| fashion | 时装 | shí zhuāng |
| in vogue (adj) | 正在流行 | zhèng zài liú xíng |

fashion designer	时装设计师	shízhuāng shèjìshī
collar	衣领，领子	yī lǐng, lǐng zi
pocket	口袋	kǒu dài
pocket (as adj)	口袋的	kǒu dài de
sleeve	袖子	xiù zi
hanging loop	挂衣环	guà yī huán
fly (on trousers)	前开口	qián kāi kǒu

zipper (fastener)	拉链	lā liàn
fastener	扣子	kòu zi
button	纽扣	niǔ kòu
buttonhole	钮扣孔	niǔ kòu kǒng
to come off (ab. button)	掉	diào

to sew (vi, vt)	缝纫	féng rèn
to embroider (vi, vt)	绣	xiù
embroidery	绣花	xiù huā
sewing needle	针	zhēn
thread	线	xiàn
seam	线缝	xiàn féng

to get dirty (vi)	弄脏	nòng zāng
stain (mark, spot)	污点，污迹	wū diǎn, wū jì
to crease, crumple (vi)	起皱	qǐ zhòu
to tear, to rip (vt)	扯破	chě pò
clothes moth	衣蛾	yī é

39. Personal care. Cosmetics

toothpaste	牙膏	yá gāo
toothbrush	牙刷	yá shuā
to brush one's teeth	刷牙	shuā yá

razor	剃须刀	tì xū dāo
shaving cream	剃须膏	tì xū gāo
to shave (vi)	刮脸	guā liǎn

soap	肥皂	féi zào
shampoo	洗发液	xǐ fā yè

scissors	剪子，剪刀	jiǎn zi, jiǎndāo
nail file	指甲锉	zhǐ jia cuò
nail clippers	指甲钳	zhǐ jia qián
tweezers	镊子	niè zi

cosmetics	化妆品	huà zhuāng pǐn
face mask	面膜	miàn mó
manicure	美甲	měi jiǎ
to have a manicure	修指甲	xiū zhǐ jia
pedicure	足部护理	zú bù hù lǐ

make-up bag	化妆包	huà zhuāng bāo
face powder	粉	fěn
powder compact	粉盒	fěn hé
blusher	胭脂	yān zhī

perfume (bottled)	香水	xiāng shuǐ
toilet water (perfume)	香水	xiāng shuǐ
lotion	润肤液	rùn fū yè
cologne	古龙水	gǔ lóng shuǐ

eyeshadow	眼影	yǎn yǐng
eyeliner	眼线笔	yǎn xiàn bǐ
mascara	睫毛膏	jié máo gāo

lipstick	口红	kǒu hóng
nail polish, enamel	指甲油	zhǐjia yóu
hair spray	喷雾发胶	pēn wù fà jiāo
deodorant	除臭剂	chú chòu jì

cream	护肤霜	hù fū shuāng
face cream	面霜	miàn shuāng
hand cream	护手霜	hù shǒu shuāng
anti-wrinkle cream	抗皱霜	kàng zhòu shuāng
day (as adj)	白天的	bái tiān de
night (as adj)	夜间的	yè jiān de

tampon	卫生棉条	wèi shēng mián tiáo
toilet paper	卫生纸	wèi shēng zhǐ
hair dryer	吹风机	chuī fēng jī

40. Watches. Clocks

watch (wristwatch)	手表	shǒu biǎo
dial	钟面	zhōng miàn
hand (of clock, watch)	指针	zhǐ zhēn
metal watch band	手表链	shǒu biǎo liàn
watch strap	表带	biǎo dài

battery	电池	diàn chí
to be dead (battery)	没电	méi diàn
to change a battery	换电池	huàn diàn chí
to run fast	快	kuài
to run slow	慢	màn

wall clock	挂钟	guà zhōng
hourglass	沙漏	shā lòu
sundial	日规	rì guī
alarm clock	闹钟	nào zhōng
watchmaker	钟表匠	zhōng biǎo jiàng
to repair (vt)	修理	xiū lǐ

EVERYDAY EXPERIENCE

T&P Books Publishing

money	钱，货币	qián, huòbì
currency exchange	兑换	duì huàn
exchange rate	汇率	huì lǜ
ATM	自动取款机	zì dòng qǔ kuǎn jī
coin	硬币	yìngbì
dollar	美元	měi yuán
euro	欧元	ōu yuán
lira	里拉	lǐ lā
Deutschmark	德国马克	dé guó mǎ kè
franc	法郎	fǎ láng
pound sterling	英镑	yīng bàng
yen	日元	rì yuán
debt	债务	zhài wù
debtor	债务人	zhài wù rén
to lend (money)	借给	jiè gěi
to borrow (vi, vt)	借	jiè
bank	银行	yín háng
account	账户	zhànghù
to deposit into the account	存款	cún kuǎn
to withdraw (vt)	提取	tí qǔ
credit card	信用卡	xìn yòng kǎ
cash	现金	xiàn jīn
check	支票	zhī piào
to write a check	开支票	kāi zhī piào
checkbook	支票本	zhīpiào běn
wallet	钱包	qián bāo
change purse	零钱包	líng qián bāo
billfold	钱夹	qián jiā
safe	保险柜	bǎo xiǎn guì
heir	继承人	jì chéng rén
inheritance	遗产	yí chǎn
fortune (wealth)	财产，财富	cáichǎn, cáifù
lease	租赁	zū lìn
rent (money)	租金	zū jīn
to rent (sth from sb)	租房	zū fáng
price	价格	jià gé

| cost | 价钱 | jià qian |
| sum | 金额 | jīn é |

to spend (vt)	花	huā
expenses	花费	huā fèi
to economize (vi, vt)	节省	jié shěng
economical	节约的	jié yuē de

to pay (vi, vt)	付，支付	fù, zhī fù
payment	酬金	chóu jīn
change (give the ~)	零钱	líng qián

tax	税，税款	shuì, shuì kuǎn
fine	罚款	fá kuǎn
to fine (vt)	罚款	fá kuǎn

42. Post. Postal service

post office	邮局	yóu jú
mail (letters, etc.)	邮件	yóu jiàn
mailman	邮递员	yóu dì yuán
opening hours	营业时间	yíng yè shí jiān

letter	信，信函	xìn, xìn hán
registered letter	挂号信	guà hào xìn
postcard	明信片	míng xìn piàn
telegram	电报	diàn bào
package (parcel)	包裹，邮包	bāo guǒ, yóu bāo
money transfer	汇款资讯	huì kuǎn zī xùn

to receive (vt)	收到	shōu dào
to send (vt)	寄	jì
sending	发信	fā xìn

address	地址	dì zhǐ
ZIP code	邮编	yóu biān
sender	发信人	fā xìn rén
receiver	收信人	shōu xìn rén

| name (first name) | 名字 | míng zi |
| surname (last name) | 姓 | xìng |

postage rate	费率	fèi lǜ
standard (adj)	普通	pǔ tōng
economical (adj)	经济的	jīng jì de

weight	重量	zhòng liàng
to weigh (~ letters)	称重	chēng zhòng
envelope	信封	xìn fēng
postage stamp	邮票	yóu piào

43. Banking

bank	银行	yín háng
branch (of bank, etc.)	分支机构	fēn zhī jī gòu
bank clerk, consultant	顾问	gù wèn
manager (director)	主管人	zhǔ guǎn rén
bank account	账户	zhànghù
account number	账号	zhàng hào
checking account	活期帐户	huó qī zhànghù
savings account	储蓄账户	chǔ xù zhànghù
to open an account	开立账户	kāilì zhànghù
to close the account	关闭 帐户	guān bì zhànghù
to deposit into the account	存入帐户	cúnrù zhànghù
to withdraw (vt)	提取	tí qǔ
deposit	存款	cún kuǎn
to make a deposit	存款	cún kuǎn
wire transfer	汇款	huì kuǎn
to wire, to transfer	汇款	huì kuǎn
sum	金额	jīn é
How much?	多少钱?	duōshao qián?
signature	签名	qiān míng
to sign (vt)	签名	qiān míng
credit card	信用卡	xìn yòng kǎ
code (PIN code)	密码	mì mǎ
credit card number	信用卡号码	xìn yòng kǎ hào mǎ
ATM	自动取款机	zì dòng qǔ kuǎn jī
check	支票	zhī piào
to write a check	开支票	kāi zhī piào
checkbook	支票本	zhīpiào běn
loan (bank ~)	贷款	dàikuǎn
to apply for a loan	借款	jiè kuǎn
to get a loan	取得贷款	qǔ dé dàikuǎn
to give a loan	贷款给 ⋯	dàikuǎn gěi …
guarantee	保证	bǎo zhèng

44. Telephone. Phone conversation

telephone	电话	diàn huà
mobile phone	手机	shǒu jī
answering machine	答录机	dā lù jī

| to call (by phone) | 打电话 | dǎ diàn huà |
| phone call | 电话 | diàn huà |

to dial a number	拨号码	bō hào mǎ
Hello!	喂!	wèi!
to ask (vt)	问	wèn
to answer (vi, vt)	接电话	jiē diàn huà

to hear (vt)	听见	tīng jiàn
well (adv)	好	hǎo
not well (adv)	不好	bù hǎo
noises (interference)	干扰声	gān rǎo shēng

receiver	听筒	tīng tǒng
to pick up (~ the phone)	接听	jiē tīng
to hang up (~ the phone)	挂断	guà duàn

busy (adj)	占线的	zhàn xiàn de
to ring (ab. phone)	响	xiǎng
telephone book	电话薄	diàn huà bù

local (adj)	本地的	běn dì de
long distance (~ call)	长途	cháng tú
international (adj)	国际的	guó jì de

45. Mobile telephone

mobile phone	手机	shǒu jī
display	显示器	xiǎn shì qì
button	按钮	àn niǔ
SIM card	SIM 卡	sim kǎ

battery	电池	diàn chí
to be dead (battery)	没电	méi diàn
charger	充电器	chōng diàn qì

| menu | 菜单 | cài dān |
| settings | 设置 | shè zhì |

| tune (melody) | 曲调 | qǔ diào |
| to select (vt) | 挑选 | tiāo xuǎn |

| calculator | 计算器 | jì suàn qì |
| voice mail | 答录机 | dā lù jī |

| alarm clock | 闹钟 | nào zhōng |
| contacts | 电话薄 | diàn huà bù |

| SMS (text message) | 短信 | duǎn xìn |
| subscriber | 用户 | yòng hù |

46. Stationery

| ballpoint pen | 圆珠笔 | yuán zhū bǐ |
| fountain pen | 钢笔 | gāng bǐ |

pencil	铅笔	qiān bǐ
highlighter	荧光笔	yíng guāng bǐ
felt-tip pen	水彩笔	shuǐ cǎi bǐ

| notepad | 记事簿 | jì shì bù |
| agenda (diary) | 日记本 | rì jì běn |

ruler	直尺	zhí chǐ
calculator	计算器	jì suàn qì
eraser	橡皮擦	xiàng pí cā
thumbtack	图钉	tú dīng
paper clip	回形针	huí xíng zhēn

glue	胶水	jiāo shuǐ
stapler	钉书机	dīng shū jī
hole punch	打孔机	dǎ kǒng jī
pencil sharpener	卷笔刀	juǎn bǐ dāo

47. Foreign languages

language	语言	yǔ yán
foreign language	外语	wài yǔ
to study (vt)	学习	xué xí
to learn (language, etc.)	学，学习	xué, xué xí

to read (vi, vt)	读	dú
to speak (vi, vt)	说	shuō
to understand (vt)	明白	míng bai
to write (vt)	写	xiě

fast (adv)	快	kuài
slowly (adv)	慢慢地	màn màn de
fluently (adv)	流利	liú lì

rules	规则	guī zé
grammar	语法	yǔ fǎ
vocabulary	词汇	cí huì
phonetics	语音学	yǔ yīn xué

textbook	课本	kè běn
dictionary	词典	cí diǎn
teach-yourself book	自学的书	zì xué de shū
phrasebook	短语手册	duǎn yǔ shǒu cè
cassette	磁带	cí dài

videotape	录像带	lù xiàng dài
CD, compact disc	光盘	guāng pán
DVD	数字影碟	shù zì yǐng dié
alphabet	字母表	zì mǔ biǎo
to spell (vt)	拼写	pīn xiě
pronunciation	发音	fā yīn
accent	口音	kǒu yin
with an accent	带口音	dài kǒu yin
without an accent	没有口音	méiyǒu kǒuyin
word	字，单词	zì, dāncí
meaning	意义	yì yì
course (e.g., a French ~)	讲座	jiǎng zuò
to sign up	报名	bào míng
teacher	老师	lǎo shī
translation (process)	翻译	fān yì
translation (text, etc.)	翻译	fān yì
translator	翻译，译者	fān yì, yì zhě
interpreter	口译者	kǒu yì zhě
memory	记忆力	jì yì lì

T&P BOOKS

MEALS. RESTAURANT

T&P Books Publishing

48. Table setting

spoon	勺子	sháo zi
knife	刀, 刀子	dāo, dāo zi
fork	叉, 餐叉	chā, cān chā
cup (e.g., coffee ~)	杯子	bēi zi
plate (dinner ~)	盘子	pán zi
saucer	碟子	dié zi
napkin (on table)	餐巾	cān jīn
toothpick	牙签	yá qiān

49. Restaurant

restaurant	饭馆	fàn guǎn
coffee house	咖啡馆	kāfēi guǎn
pub, bar	酒吧	jiǔ bā
tearoom	茶馆	chá guǎn
waiter	服务员	fú wù yuán
waitress	女服务员	nǚ fú wù yuán
bartender	酒保	jiǔ bǎo
menu	菜单	cài dān
wine list	酒单	jiǔ dān
to book a table	订桌子	dìng zhuō zi
course, dish	菜	cài
to order (meal)	订菜	dìng cài
to make an order	订菜	dìng cài
aperitif	开胃酒	kāi wèi jiǔ
appetizer	开胃菜	kāi wèi cài
dessert	甜点心	tián diǎn xīn
check	账单	zhàng dān
to pay the check	付账	fù zhàng
to give change	找零钱	zhǎo líng qián
tip	小费	xiǎo fèi

50. Meals

food	食物	shí wù
to eat (vi, vt)	吃	chī

breakfast	早饭	zǎo fàn
to have breakfast	吃早饭	chī zǎo fàn
lunch	午饭	wǔ fàn
to have lunch	吃午饭	chī wǔ fàn
dinner	晚餐	wǎn cān
to have dinner	吃晚饭	chī wǎn fàn
appetite	胃口	wèi kǒu
Enjoy your meal!	请慢用!	qǐng màn yòng!
to open (~ a bottle)	打开	dǎ kāi
to spill (liquid)	洒出	sǎ chū
to spill out (vi)	洒出	sǎ chū
to boil (vi)	煮开	zhǔ kāi
to boil (vt)	烧开	shāo kāi
boiled (~ water)	煮开过的	zhǔ kāi guò de
to chill, cool down (vt)	变凉	biàn liáng
to chill (vi)	变凉	biàn liáng
taste, flavor	味道	wèi dào
aftertaste	回味，余味	huí wèi, yú wèi
to slim down (lose weight)	减肥	jiǎn féi
diet	日常饮食	rì cháng yǐn shí
vitamin	维生素	wéi shēng sù
calorie	卡路里	kǎlùlǐ
vegetarian (n)	素食者	sù shí zhě
vegetarian (adj)	素的	sù de
fats (nutrient)	脂肪	zhī fáng
proteins	蛋白质	dàn bái zhì
carbohydrates	碳水化合物	tàn shuǐ huà hé wù
slice (of lemon, ham)	一片	yī piàn
piece (of cake, pie)	一块	yī kuài
crumb (of bread, cake, etc.)	面包屑	miàn bāo xiè

51. Cooked dishes

course, dish	菜	cài
cuisine	菜肴	cài yáo
recipe	烹饪法	pēng rèn fǎ
portion	一份	yī fèn
salad	沙拉	shā lā
soup	汤	tāng
clear soup (broth)	清汤	qīng tāng
sandwich (bread)	三明治	sān míng zhì

fried eggs	煎蛋	jiān dàn
fried meatballs	肉饼	ròu bǐng
hamburger (beefburger)	汉堡	hàn bǎo
beefsteak	牛排	niú pái
stew	烤肉	kǎo ròu
side dish	配菜	pèi cài
spaghetti	意大利面条	yì dà lì miàn tiáo
mashed potatoes	土豆泥	tǔ dòu ní
pizza	比萨饼	bǐ sà bǐng
porridge (oatmeal, etc.)	麦片粥	mài piàn zhōu
omelet	鸡蛋饼	jīdàn bǐng
boiled (e.g., ~ beef)	煮熟的	zhǔ shóu de
smoked (adj)	熏烤的	xūn kǎo de
fried (adj)	油煎的	yóu jiān de
dried (adj)	干的	gān de
frozen (adj)	冷冻的	lěng dòng de
pickled (adj)	醋渍的	cù zì de
sweet (sugary)	甜的	tián de
salty (adj)	咸的	xián de
cold (adj)	冷的	lěng de
hot (adj)	烫的	tàng de
bitter (adj)	苦的	kǔ de
tasty (adj)	美味的	měi wèi de
to cook in boiling water	做饭	zuò fàn
to cook (dinner)	做饭	zuò fàn
to fry (vt)	油煎	yóu jiān
to heat up (food)	加热	jiā rè
to salt (vt)	加盐	jiā yán
to pepper (vt)	加胡椒	jiā hú jiāo
to grate (vt)	磨碎	mò suì
peel (n)	皮	pí
to peel (vt)	剥皮	bāo pí

52. Food

meat	肉	ròu
chicken	鸡肉	jī ròu
Rock Cornish hen (poussin)	小鸡	xiǎo jī
duck	鸭子	yā zi
goose	鹅肉	é ròu
game	猎物	liè wù
turkey	火鸡	huǒ jī
pork	猪肉	zhū ròu
veal	小牛肉	xiǎo niú ròu

lamb	羊肉	yáng ròu
beef	牛肉	niú ròu
rabbit	兔肉	tù ròu
sausage (bologna, pepperoni, etc.)	香肠	xiāng cháng
vienna sausage (frankfurter)	小灌肠	xiǎo guàn cháng
bacon	腊肉	là ròu
ham	火腿	huǒ tuǐ
gammon	熏火腿	xūn huǒ tuǐ
pâté	鹅肝酱	é gān jiàng
liver	肝	gān
lard	猪油	zhū yóu
hamburger (ground beef)	碎牛肉	suì niú ròu
tongue	口条	kǒu tiáo
egg	鸡蛋	jī dàn
eggs	鸡蛋	jī dàn
egg white	蛋白	dàn bái
egg yolk	蛋黄	dàn huáng
fish	鱼	yú
seafood	海鲜	hǎi xiān
caviar	鱼子酱	yúzǐ jiàng
crab	螃蟹	páng xiè
shrimp	虾，小虾	xiā, xiǎo xiā
oyster	牡蛎	mǔ lì
spiny lobster	龙虾	lóng xiā
octopus	章鱼	zhāng yú
squid	鱿鱼	yóu yú
sturgeon	鲟鱼	xú nyú
salmon	鲑鱼	guī yú
halibut	比目鱼	bǐ mù yú
cod	鳕鱼	xuě yú
mackerel	鲭鱼	qīng yú
tuna	金枪鱼	jīn qiāng yú
eel	鳗鱼，鳝鱼	mán yú, shàn yú
trout	鳟鱼	zūn yú
sardine	沙丁鱼	shā dīng yú
pike	狗鱼	gǒu yú
herring	鲱鱼	fēi yú
bread	面包	miàn bāo
cheese	奶酪	nǎi lào
sugar	糖	táng
salt	盐，食盐	yán, shí yán

rice	米	mǐ
pasta	通心粉	tōng xīn fěn
noodles	面条	miàn tiáo

butter	黄油	huáng yóu
vegetable oil	植物油	zhí wù yóu
sunflower oil	向日葵油	xiàng rì kuí yóu
margarine	人造奶油	rénzào nǎi yóu

| olives | 橄榄 | gǎn lǎn |
| olive oil | 橄榄油 | gǎn lǎn yóu |

milk	牛奶	niú nǎi
condensed milk	炼乳	liàn rǔ
yogurt	酸奶	suān nǎi
sour cream	酸奶油	suān nǎi yóu
cream (of milk)	奶油	nǎi yóu

| mayonnaise | 蛋黄酱 | dàn huáng jiàng |
| buttercream | 乳脂 | rǔ zhī |

cereal grains (wheat, etc.)	谷粒	gǔ lì
flour	面粉	miàn fěn
canned food	罐头食品	guàn tou shí pǐn

cornflakes	玉米片	yù mǐ piàn
honey	蜂蜜	fēng mì
jam	果冻	guǒ dòng
chewing gum	口香糖	kǒu xiāng táng

53. Drinks

water	水	shuǐ
drinking water	饮用水	yǐn yòng shuǐ
mineral water	矿泉水	kuàng quán shuǐ

still (adj)	无气的	wú qì de
carbonated (adj)	苏打 …	sū dá …
sparkling (adj)	汽水	qì shuǐ
ice	冰	bīng
with ice	加冰的	jiā bīng de

non-alcoholic (adj)	不含酒精的	bù hán jiǔ jīng de
soft drink	软性饮料	ruǎn xìng yǐn liào
refreshing drink	清凉饮料	qīng liáng yǐn liào
lemonade	柠檬水	níng méng shuǐ

liquors	烈酒	liè jiǔ
liqueur	甜酒	tián jiǔ
champagne	香槟	xiāng bīn

vermouth	苦艾酒	kǔ ài jiǔ
whisky	威士忌酒	wēi shì jì jiǔ
vodka	伏特加	fú tè jiā
gin	杜松子酒	dù sōng zǐ jiǔ
cognac	法国白兰地	fǎguó báilándì
rum	朗姆酒	lǎng mǔ jiǔ
coffee	咖啡	kāfēi
black coffee	黑咖啡	hēi kāfēi
coffee with milk	加牛奶的咖啡	jiāniúnǎide kāfēi
cappuccino	卡布奇诺	kǎ bù jī nuò
instant coffee	速溶咖啡	sùróng kāfēi
milk	牛奶	niú nǎi
cocktail	鸡尾酒	jī wěi jiǔ
milkshake	奶昔	nǎi xī
juice	果汁	guǒzhī
tomato juice	番茄汁	fān qié zhī
orange juice	橙子汁	chéng zi zhī
freshly squeezed juice	新鲜果汁	xīnxiān guǒzhī
beer	啤酒	píjiǔ
light beer	淡啤酒	dàn píjiǔ
dark beer	黑啤酒	hēi píjiǔ
tea	茶	chá
black tea	红茶	hóng chá
green tea	绿茶	lǜ chá

54. Vegetables

vegetables	蔬菜	shū cài
greens	青菜	qīng cài
tomato	西红柿	xī hóng shì
cucumber	黄瓜	huáng guā
carrot	胡萝卜	hú luó bo
potato	土豆	tǔ dòu
onion	洋葱	yáng cōng
garlic	大蒜	dà suàn
cabbage	洋白菜	yáng bái cài
cauliflower	菜花	cài huā
Brussels sprouts	球芽甘蓝	qiú yá gān lán
broccoli	西蓝花	xī lán huā
beetroot	甜菜	tiáncài
eggplant	茄子	qié zi
zucchini	西葫芦	xī hú lu

pumpkin	南瓜	nán guā
turnip	蔓菁	mán jing
parsley	欧芹	ōu qín
dill	莳萝	shì luó
lettuce	生菜, 莴苣	shēng cài, wō jù
celery	芹菜	qín cài
asparagus	芦笋	lú sǔn
spinach	菠菜	bō cài
pea	豌豆	wān dòu
beans	豆子	dòu zi
corn (maize)	玉米	yù mǐ
kidney bean	四季豆	sì jì dòu
bell pepper	胡椒, 辣椒	hú jiāo, là jiāo
radish	水萝卜	shuǐ luó bo
artichoke	朝鲜蓟	cháo xiǎn jì

55. Fruits. Nuts

fruit	水果	shuǐ guǒ
apple	苹果	píng guǒ
pear	梨	lí
lemon	柠檬	níng méng
orange	橙子	chén zi
strawberry	草莓	cǎo méi
mandarin	橘子	jú zi
plum	李子	lǐ zi
peach	桃子	táo zi
apricot	杏子	xìng zi
raspberry	覆盆子	fù pén zi
pineapple	菠萝	bō luó
banana	香蕉	xiāng jiāo
watermelon	西瓜	xī guā
grape	葡萄	pú tao
sour cherry	樱桃	yīngtáo
sweet cherry	欧洲甜樱桃	ōuzhōu tián yīngtáo
melon	瓜, 甜瓜	guā, tián guā
grapefruit	葡萄柚	pú tao yòu
avocado	鳄梨	è lí
papaya	木瓜	mù guā
mango	芒果	máng guǒ
pomegranate	石榴	shí liú
redcurrant	红醋栗	hóng cù lì
blackcurrant	黑醋栗	hēi cù lì

gooseberry	醋栗	cù lì
bilberry	越橘	yuè jú
blackberry	黑莓	hēi méi

raisin	葡萄干	pútao gān
fig	无花果	wú huā guǒ
date	海枣	hǎi zǎo

peanut	花生	huā shēng
almond	杏仁	xìng rén
walnut	核桃	hé tao
hazelnut	榛子	zhēn zi
coconut	椰子	yē zi
pistachios	开心果	kāi xīn guǒ

56. Bread. Candy

bakers' confectionery (pastry)	油酥面饼	yóu sū miàn bǐng
bread	面包	miàn bāo
cookies	饼干	bǐng gān

chocolate (n)	巧克力	qiǎo kè lì
chocolate (as adj)	巧克力的	qiǎo kè lì de
candy	糖果	táng guǒ
cake (e.g., cupcake)	小蛋糕	xiǎo dàngāo
cake (e.g., birthday ~)	蛋糕	dàngāo

| pie (e.g., apple ~) | 大馅饼 | dà xiàn bǐng |
| filling (for cake, pie) | 馅 | xiàn |

whole fruit jam	果酱	guǒ jiàng
marmalade	酸果酱	suān guǒ jiàng
waffles	华夫饼干	huá fū bǐng gān
ice-cream	冰淇淋	bīng qí lín

57. Spices

salt	盐，食盐	yán, shí yán
salty (adj)	含盐的	hán yán de
to salt (vt)	加盐	jiā yán

black pepper	黑胡椒	hēi hú jiāo
red pepper (milled ~)	红辣椒粉	hóng là jiāo fěn
mustard	芥末	jiè mo
horseradish	辣根汁	là gēn zhī
condiment	调味品	diào wèi pǐn
spice	香料	xiāng liào

| sauce | 调味汁 | tiáo wèi zhī |
| vinegar | 醋 | cù |

anise	茴芹	huí qín
basil	罗勒	luó lè
cloves	丁香	dīng xiāng
ginger	姜	jiāng
coriander	芫荽	yuán suī
cinnamon	肉桂	ròu guì

sesame	芝麻	zhī ma
bay leaf	月桂叶	yuè guì yè
paprika	红甜椒粉	hóng tián jiāo fěn
caraway	葛缕子	gélǚ zi
saffron	番红花	fān hóng huā

PERSONAL
INFORMATION. FAMILY

T&P Books Publishing

58. Personal information. Forms

name (first name)	名字	míng zi
surname (last name)	姓	xìng
date of birth	出生日期	chū shēng rì qī
place of birth	出生地	chū shēng dì
nationality	国籍	guó jí
place of residence	住所地	zhù suǒ dì
country	国家	guó jiā
profession (occupation)	职业	zhí yè
gender, sex	性，性别	xìng, xìngbié
height	身高	shēn gāo
weight	重量	zhòng liàng

59. Family members. Relatives

mother	母亲	mǔ qīn
father	父亲	fù qīn
son	儿子	ér zi
daughter	女儿	nǚ ér
younger daughter	最小的女儿	zuìxiǎode nǚ ér
younger son	最小的儿子	zuìxiǎode ér zi
eldest daughter	最大的女儿	zuìdàde nǚér
eldest son	最大的儿子	zuìdàde ér zi
elder brother	哥哥	gēge
younger brother	弟弟	dìdi
elder sister	姐姐	jiějie
younger sister	妹妹	mèi mei
cousin (masc.)	堂兄弟，表兄弟	tángxiōngdì, biǎoxiōngdì
cousin (fem.)	堂姊妹，表姊妹	tángzǐmèi, biǎozǐmèi
mom, mommy	妈妈	mā ma
dad, daddy	爸爸	bàba
parents	父母	fù mǔ
child	孩子	hái zi
children	孩子们	hái zi men
grandmother	姥姥	lǎo lao
grandfather	爷爷	yé ye
grandson	孙子	sūn zi

| granddaughter | 孙女 | sūn nǚ |
| grandchildren | 孙子们 | sūn zi men |

uncle	姑爹	gū diē
aunt	姑妈	gū mā
nephew	侄子	zhí zi
niece	侄女	zhí nǚ

mother-in-law (wife's mother)	岳母	yuè mǔ
father-in-law (husband's father)	公公	gōng gong
son-in-law (daughter's husband)	女婿	nǚ xu
stepmother	继母	jì mǔ
stepfather	继父	jì fù

infant	婴儿	yīng ér
baby (infant)	婴儿	yīng ér
little boy, kid	小孩	xiǎo hái

wife	妻子	qī zi
husband	老公	lǎo gōng
spouse (husband)	配偶	pèi ǒu
spouse (wife)	配偶	pèi ǒu

married (masc.)	结婚的	jié hūn de
married (fem.)	结婚的	jié hūn de
single (unmarried)	独身的	dú shēn de
bachelor	单身汉	dān shēn hàn
divorced (masc.)	离婚的	lí hūn de
widow	寡妇	guǎ fu
widower	鳏夫	guān fū

relative	亲戚	qīn qi
close relative	近亲	jìn qīn
distant relative	远亲	yuǎn qīn
relatives	亲属	qīn shǔ

orphan (boy or girl)	孤儿	gū ér
guardian (of minor)	监护人	jiān hù rén
to adopt (a boy)	收养	shōu yǎng
to adopt (a girl)	收养	shōu yǎng

60. Friends. Coworkers

friend (masc.)	朋友	péngyou
friend (fem.)	女性朋友	nǚxìng péngyou
friendship	友谊	yǒu yì
to be friends	交朋友	jiāo péngyou

buddy (masc.)	朋友	péngyou
buddy (fem.)	朋友	péngyou
partner	搭档	dā dàng

chief (boss)	老板	lǎo bǎn
owner, proprietor	物主	wù zhǔ
subordinate (n)	下属	xià shǔ
colleague	同事	tóng shì

acquaintance (person)	熟人	shú rén
fellow traveler	旅伴	lǚ bàn
classmate	同学	tóng xué

neighbor (masc.)	邻居	lín jū
neighbor (fem.)	邻居	lín jū
neighbors	邻居们	lín jū men

HUMAN BODY. MEDICINE

T&P Books Publishing

head	头	tóu
face	脸，面孔	liǎn, miàn kǒng
nose	鼻子	bí zi
mouth	口，嘴	kǒu, zuǐ

eye	眼	yǎn
eyes	眼睛	yǎn jing
pupil	瞳孔	tóng kǒng
eyebrow	眉毛	méi mao
eyelash	睫毛	jié máo
eyelid	眼皮	yǎn pí

tongue	舌，舌头	shé, shé tou
tooth	牙，牙齿	yá, yá chǐ
lips	唇	chún
cheekbones	颧骨	quán gǔ
gum	齿龈	chǐ yín
palate	腭	è

nostrils	鼻孔	bí kǒng
chin	颏	kē
jaw	下颌	xià hé
cheek	脸颊	liǎn jiá

forehead	前额	qián é
temple	太阳穴	tài yáng xué
ear	耳朵	ěr duo
back of the head	后脑勺儿	hòu nǎo sháo r
neck	颈	jǐng
throat	喉部	hóu bù

hair	头发	tóu fa
hairstyle	发型	fà xíng
haircut	发式	fà shì
wig	假发	jiǎ fà

mustache	胡子	hú zi
beard	胡须	hú xū
to have (a beard, etc.)	蓄着	xù zhuó
braid	辫子	biàn zi
sideburns	鬓角	bìn jiǎo

| red-haired (adj) | 红发的 | hóng fà de |
| gray (hair) | 灰白的 | huī bái de |

bald (adj)	秃头的	tū tóu de
bald patch	秃头	tū tóu
ponytail	马尾辫	mǎ wěi biàn
bangs	刘海	liú hǎi

62. Human body

hand	手	shǒu
arm	胳膊	gēbo
finger	手指	shǒu zhǐ
thumb	拇指	mǔ zhǐ
little finger	小指	xiǎo zhǐ
nail	指甲	zhǐ jia
fist	拳	quán
palm	手掌	shǒu zhǎng
wrist	腕	wàn
forearm	前臂	qián bì
elbow	肘	zhǒu
shoulder	肩膀	jiān bǎng
leg	腿	tuǐ
foot	脚，足	jiǎo, zú
knee	膝，膝盖	xī, xī gài
calf (part of leg)	小腿肚	xiǎo tuǐ dù
hip	臀部	tún bù
heel	后跟	hòu gēn
body	身体	shēntǐ
stomach	腹，腹部	fù, fù bù
chest	胸	xiōng
breast	乳房	rǔ fáng
flank	体侧	tǐ cè
back	背	bèi
lower back	下背	xià bèi
waist	腰	yāo
navel (belly button)	肚脐	dù qí
buttocks	臀部，屁股	tún bù, pì gu
bottom	屁股	pì gu
beauty mark	痣	zhì
birthmark (café au lait spot)	胎痣	tāi zhì
tattoo	文身	wén shēn
scar	疤	bā

63. Diseases

sickness	病	bìng
to be sick	生病	shēng bìng
health	健康	jiàn kāng
runny nose (coryza)	流鼻涕	liú bí tì
tonsillitis	扁桃体炎	biǎn táo tǐ yán
cold (illness)	感冒	gǎn mào
to catch a cold	感冒	gǎn mào
bronchitis	支气管炎	zhī qì guǎn yán
pneumonia	肺炎	fèi yán
flu, influenza	流感	liú gǎn
nearsighted (adj)	近视的	jìn shì de
farsighted (adj)	远视的	yuǎn shì de
strabismus (crossed eyes)	斜眼	xié yǎn
cross-eyed (adj)	对眼的	duì yǎn de
cataract	白内障	bái nèi zhàng
glaucoma	青光眼	qīng guāng yǎn
stroke	中风	zhòng fēng
heart attack	梗塞	gěng sè
myocardial infarction	心肌梗塞	xīn jī gěng sè
paralysis	麻痹	má bì
to paralyze (vt)	使 … 麻痹	shǐ … má bì
allergy	过敏	guò mǐn
asthma	哮喘	xiāo chuǎn
diabetes	糖尿病	táng niào bìng
toothache	牙痛	yá tòng
caries	龋齿	qǔ chǐ
diarrhea	腹泻	fù xiè
constipation	便秘	biàn bì
stomach upset	饮食失调	yǐn shí shī tiáo
food poisoning	食物中毒	shí wù zhòng dú
to get food poisoning	中毒	zhòng dú
arthritis	关节炎	guān jié yán
rickets	佝偻病	kòu lóu bìng
rheumatism	风湿	fēng shī
atherosclerosis	动脉粥样硬化	dòng mài zhōu yàng yìng huà
gastritis	胃炎	wèi yán
appendicitis	阑尾炎	lán wěi yán
cholecystitis	胆囊炎	dǎn nán gyán
ulcer	溃疡	kuì yáng

measles	麻疹	má zhěn
rubella (German measles)	风疹	fēng zhěn
jaundice	黄疸	huáng dǎn
hepatitis	肝炎	gān yán

schizophrenia	精神分裂 症	jīngshen fēnliè zhèng
rabies (hydrophobia)	狂犬病	kuáng quǎn bìng
neurosis	神经症	shén jīng zhèng
concussion	脑震荡	nǎo zhèn dàng

cancer	癌症	ái zhèng
sclerosis	硬化	yìng huà
multiple sclerosis	多发性硬化症	duō fā xìng yìng huà zhèng

alcoholism	酗酒	xù jiǔ
alcoholic (n)	酗酒者	xù jiǔ zhě
syphilis	梅毒	méi dú
AIDS	艾滋病	ài zī bìng

tumor	肿瘤	zhǒng liú
fever	发烧	fā shāo
malaria	疟疾	nuè ji
gangrene	坏疽	huài jū
seasickness	晕船	yùn chuán
epilepsy	癫痫	diān xián

epidemic	流行病	liú xíng bìng
typhus	斑疹伤寒	bān zhěn shāng hán
tuberculosis	结核病	jié hé bìng
cholera	霍乱	huò luàn
plague (bubonic ~)	瘟疫	wēn yì

64. Symptoms. Treatments. Part 1

symptom	症状	zhèng zhuàng
temperature	体温	tǐ wēn
high temperature (fever)	发热	fā rè
pulse	脉搏	mài bó

dizziness (vertigo)	眩晕	xuàn yùn
hot (adj)	热	rè
shivering	颤抖	chàn dǒu
pale (e.g., ~ face)	苍白的	cāng bái de

cough	咳嗽	ké sou
to cough (vi)	咳，咳嗽	ké, ké sou
to sneeze (vi)	打喷嚏	dǎ pēn tì
faint	晕倒	yūn dǎo
to faint (vi)	晕倒	yūn dǎo

bruise (hématome)	青伤痕	qīng shāng hén
bump (lump)	包	bāo
to bang (bump)	擦伤	cā shāng
contusion (bruise)	擦伤	cā shāng
to get a bruise	瘀伤	yū shāng
to limp (vi)	跛行	bǒ xíng
dislocation	脱位	tuō wèi
to dislocate (vt)	使 ··· 脱位	shǐ ... tuō wèi
fracture	骨折	gǔ zhé
to have a fracture	弄骨折	nòng gǔzhé
cut (e.g., paper ~)	伤口	shāng kǒu
to cut oneself	割破	gē pò
bleeding	流血	liú xuè
burn (injury)	烧伤	shāo shāng
to get burned	烧伤	shāo shāng
to prick (vt)	扎破	zhā pò
to prick oneself	扎伤	zhā shāng
to injure (vt)	损伤	sǔn shāng
injury	损伤	sǔn shāng
wound	伤口	shāng kǒu
trauma	外伤	wài shāng
to be delirious	说胡话	shuō hú huà
to stutter (vi)	口吃	kǒu chī
sunstroke	中暑	zhòng shǔ

65. Symptoms. Treatments. Part 2

pain	痛	tòng
splinter (in foot, etc.)	木刺	mù cì
sweat (perspiration)	汗	hàn
to sweat (perspire)	出汗	chū hàn
vomiting	呕吐	ǒu tù
convulsions	抽搐	chōu chù
pregnant (adj)	怀孕的	huái yùn de
to be born	出生	chū shēng
delivery, labor	生产，分娩	shēngchǎn, fēnmiǎn
to deliver (~ a baby)	生，分娩	shēng, fēnmiǎn
abortion	人工流产	rén gōng liú chǎn
breathing, respiration	呼吸	hū xī
in-breath (inhalation)	吸	xī
out-breath (exhalation)	呼气	hū qì
to exhale (breathe out)	呼出	hū chū

to inhale (vi)	吸入	xī rù
disabled person	残疾人	cán jí rén
cripple	残疾人	cán jí rén
drug addict	吸毒者	xī dú zhě

deaf (adj)	聋的	lóng de
mute (adj)	哑的	yǎ de
deaf mute (adj)	聋哑的	lóng yǎ de

mad, insane (adj)	精神失常的	jīngshen shī cháng de
madman (demented person)	疯子	fēng zi
madwoman	疯子	fēng zi
to go insane	发疯	fā fēng

gene	基因	jī yīn
immunity	免疫力	miǎn yì lì
hereditary (adj)	遗传的	yí chuán de
congenital (adj)	天生的	tiān shēng de

virus	病毒	bìng dú
microbe	微生物	wēi shēng wù
bacterium	细菌	xì jūn
infection	传染	chuán rǎn

66. Symptoms. Treatments. Part 3

| hospital | 医院 | yī yuàn |
| patient | 病人 | bìng rén |

diagnosis	诊断	zhěn duàn
cure	治疗	zhì liáo
medical treatment	治疗	zhì liáo
to get treatment	治病	zhì bìng
to treat (~ a patient)	治疗	zhì liáo
to nurse (look after)	看护	kān hù
care (nursing ~)	护理	hùlǐ

operation, surgery	手术	shǒu shù
to bandage (head, limb)	用绷带包扎	yòng bēngdài bāozā
bandaging	绷带法	bēngdài fǎ

vaccination	疫苗	yìmiáo
to vaccinate (vt)	给 … 接种疫苗	gěi … jiē zhòng yì miáo
injection, shot	注射	zhù shè
to give an injection	打针	dǎ zhēn

attack	发作	fāzuò
amputation	截肢	jié zhī
to amputate (vt)	截肢	jié zhī

coma	昏迷	hūn mí
to be in a coma	昏迷	hūn mí
intensive care	重症监护室	zhòng zhēng jiàn hù shì
to recover (~ from flu)	复原	fù yuán
condition (patient's ~)	状态	zhuàng tài
consciousness	知觉	zhī jué
memory (faculty)	记忆力	jì yì lì
to pull out (tooth)	拔牙	bá yá
filling	补牙	bǔ yá
to fill (a tooth)	补牙	bǔ yá
hypnosis	催眠	cuī mián
to hypnotize (vt)	催眠	cuī mián

67. Medicine. Drugs. Accessories

medicine, drug	药	yào
remedy	药剂	yào jì
to prescribe (vt)	开药方	kāi yào fāng
prescription	药方	yào fāng
tablet, pill	药片	yào piàn
ointment	药膏	yào gāo
ampule	安瓿	ān bù
mixture	药水	yào shuǐ
syrup	糖浆	táng jiāng
pill	药丸	yào wán
powder	药粉	yào fěn
gauze bandage	绷带	bēngdài
cotton wool	药棉	yào mián
iodine	碘酒	diǎn jiǔ
Band-Aid	橡皮膏	xiàng pí gāo
eyedropper	滴管	dī guǎn
thermometer	体温表	tǐ wēn biǎo
syringe	注射器	zhù shè qì
wheelchair	轮椅	lú nyǐ
crutches	拐杖	guǎi zhàng
painkiller	止痛药	zhǐ tòng yào
laxative	泻药	xiè yào
spirits (ethanol)	酒精	jiǔ jīng
medicinal herbs	药草	yào cǎo
herbal (~ tea)	草药的	cǎo yào de

APARTMENT

T&P Books Publishing

68. Apartment

apartment	公寓	gōng yù
room	房间	fáng jiān
bedroom	卧室	wòshì
dining room	餐厅	cān tīng
living room	客厅	kè tīng
study (home office)	书房	shū fáng
entry room	入口空间	rù kǒu kōng jiān
bathroom (room with a bath or shower)	浴室	yù shì
half bath	卫生间	wèi shēng jiān
ceiling	天花板	tiān huā bǎn
floor	地板	dì bǎn
corner	墙角	qiáng jiǎo

69. Furniture. Interior

furniture	家具	jiā jù
table	桌子	zhuō zi
chair	椅子	yǐ zi
bed	床	chuáng
couch, sofa	沙发	shā fā
armchair	扶手椅	fú shǒu yǐ
bookcase	书橱	shū chú
shelf	书架	shū jià
shelving unit	橱架	chú jià
wardrobe	衣柜	yī guì
coat rack (wall-mounted ~)	墙衣帽架	qiáng yī mào jià
coat stand	衣帽架	yī mào jià
bureau, dresser	五斗柜	wǔ dǒu guì
coffee table	茶几	chá jī
mirror	镜子	jìng zi
carpet	地毯	dìtǎn
rug, small carpet	小地毯	xiǎo dìtǎn
fireplace	壁炉	bì lú
candle	蜡烛	là zhú

candlestick	烛台	zhútái
drapes	窗帘	chuāng lián
wallpaper	墙纸	qiáng zhǐ
blinds (jalousie)	百叶窗	bǎi yè chuāng

table lamp	台灯	tái dēng
wall lamp (sconce)	灯	dēng
floor lamp	落地灯	luò dì dēng
chandelier	枝形吊灯	zhī xíng diào dēng

leg (of chair, table)	腿	tuǐ
armrest	扶手	fú shou
back (backrest)	靠背	kào bèi
drawer	抽屉	chōu tì

70. Bedding

bedclothes	铺盖	pū gài
pillow	枕头	zhěn tou
pillowcase	枕套	zhěn tào
duvet, comforter	羽绒被	yǔ róng bèi
sheet	床单	chuáng dān
bedspread	床罩	chuáng zhào

71. Kitchen

kitchen	厨房	chú fáng
gas	煤气	méi qì
gas stove (range)	煤气炉	méi qì lú
electric stove	电炉	diàn lú
oven	烤箱	kǎo xiāng
microwave oven	微波炉	wēi bō lú

refrigerator	冰箱	bīng xiāng
freezer	冷冻室	lěng dòng shì
dishwasher	洗碗机	xǐ wǎn jī

meat grinder	绞肉机	jiǎo ròu jī
juicer	榨汁机	zhà zhī jī
toaster	烤面包机	kǎo miàn bāo jī
mixer	搅拌机	jiǎo bàn jī

coffee machine	咖啡机	kāfēi jī
coffee pot	咖啡壶	kāfēi hú
coffee grinder	咖啡研磨器	kāfēi yánmóqì

| kettle | 开水壶 | kāi shuǐ hú |
| teapot | 茶壶 | chá hú |

lid	盖子	gài zi
tea strainer	滤茶器	lǜ chá qì
spoon	匙子	chá zi
teaspoon	茶匙	chá chí
soup spoon	汤匙	tāng chí
fork	叉，餐叉	chā, cān chā
knife	刀，刀子	dāo, dāo zi
tableware (dishes)	餐具	cān jù
plate (dinner ~)	盘子	pán zi
saucer	碟子	dié zi
shot glass	小酒杯	xiǎo jiǔ bēi
glass (tumbler)	杯子	bēi zi
cup	杯子	bēi zi
sugar bowl	糖碗	táng wǎn
salt shaker	盐瓶	yán píng
pepper shaker	胡椒瓶	hú jiāo píng
butter dish	黄油碟	huáng yóu dié
stock pot (soup pot)	炖锅	dùn guō
frying pan (skillet)	煎锅	jiān guō
ladle	长柄勺	cháng bǐng sháo
colander	漏勺	lòu sháo
tray (serving ~)	托盘	tuō pán
bottle	瓶子	píng zi
jar (glass)	玻璃罐	bōli guàn
can	罐头	guàn tou
bottle opener	瓶起子	píng qǐ zi
can opener	开罐器	kāi guàn qì
corkscrew	螺旋 拔塞器	luóxuán básāiqì
filter	滤器	lǜ qì
to filter (vt)	过滤	guò lǜ
trash, garbage (food waste, etc.)	垃圾	lā jī
trash can (kitchen ~)	垃圾桶	lā jī tǒng

72. Bathroom

bathroom	浴室	yù shì
water	水	shuǐ
faucet	水龙头	shuǐ lóng tóu
hot water	热水	rè shuǐ
cold water	冷水	lěng shuǐ
toothpaste	牙膏	yá gāo

to brush one's teeth	刷牙	shuā yá
to shave (vi)	剃须	tì xū
shaving foam	剃须泡沫	tì xū pào mò
razor	剃须刀	tì xū dāo

to wash (one's hands, etc.)	洗	xǐ
to take a bath	洗澡	xǐ zǎo
shower	淋浴	lín yù
to take a shower	洗淋浴	xǐ lín yù

bathtub	浴缸	yù gāng
toilet (toilet bowl)	抽水马桶	chōu shuǐ mǎ tǒng
sink (washbasin)	水槽	shuǐ cáo

| soap | 肥皂 | féi zào |
| soap dish | 肥皂盒 | féi zào hé |

sponge	清洁绵	qīng jié mián
shampoo	洗发液	xǐ fā yè
towel	毛巾，浴巾	máo jīn, yù jīn
bathrobe	浴衣	yù yī

laundry (process)	洗衣	xǐ yī
washing machine	洗衣机	xǐ yī jī
to do the laundry	洗衣服	xǐ yī fu
laundry detergent	洗衣粉	xǐ yī fěn

73. Household appliances

TV set	电视机	diàn shì jī
tape recorder	录音机	lù yīn jī
VCR (video recorder)	录像机	lù xiàng jī
radio	收音机	shōu yīn jī
player (CD, MP3, etc.)	播放器	bō fàng qì

video projector	投影器	tóu yǐng qì
home movie theater	家庭影院系统	jiā tíng yǐng yuàn xì tǒng
DVD player	DVD 播放机	diwidi bōfàngjī
amplifier	放大器	fàng dà qì
video game console	电子游戏机	diànzǐ yóuxìjī

video camera	摄像机	shè xiàng jī
camera (photo)	照相机	zhào xiàng jī
digital camera	数码相机	shù mǎ xiàng jī

vacuum cleaner	吸尘器	xī chén qì
iron (e.g., steam ~)	熨斗	yùn dǒu
ironing board	熨衣板	yùn yī bǎn
telephone	电话	diàn huà
mobile phone	手机	shǒu jī

typewriter	打字机	dǎ zì jī
sewing machine	缝纫机	féng rèn jī
microphone	话筒	huà tǒng
headphones	耳机	ěr jī
remote control (TV)	遥控器	yáo kòng qì
CD, compact disc	光盘	guāng pán
cassette	磁带	cí dài
vinyl record	唱片	chàng piàn

THE EARTH. WEATHER

T&P Books Publishing

74. Outer space

space	宇宙	yǔ zhòu
space (as adj)	宇宙的，太空	yǔ zhòu de, tài kōng
outer space	外层空间	wài céng kōng jiān
universe	宇宙	yǔ zhòu
galaxy	银河系	yín hé xì
star	星，恒星	xīng, héng xīng
constellation	星座	xīng zuò
planet	行星	xíng xīng
satellite	卫星	wèi xīng
meteorite	陨石	yǔn shí
comet	彗星	huì xīng
asteroid	小行星	xiǎo xíng xīng
orbit	轨道	guǐ dào
to revolve	公转	gōng zhuàn
(~ around the Earth)		
atmosphere	大气层	dà qì céng
the Sun	太阳	tài yáng
solar system	太阳系	tài yáng xì
solar eclipse	日食	rì shí
the Earth	地球	dì qiú
the Moon	月球	yuè qiú
Mars	火星	huǒ xīng
Venus	金星	jīn xīng
Jupiter	木星	mù xīng
Saturn	土星	tǔ xīng
Mercury	水星	shuǐ xīng
Uranus	天王星	tiān wáng xīng
Neptune	海王星	hǎi wáng xīng
Pluto	冥王星	míng wáng xīng
Milky Way	银河	yín hé
Great Bear (Ursa Major)	大熊座	dà xióng zuò
North Star	北极星	běi jí xīng
Martian	火星人	huǒ xīng rén
extraterrestrial (n)	外星人	wài xīng rén
alien	外星人	wài xīng rén

flying saucer	飞碟	fēi dié
spaceship	宇宙飞船	yǔ zhòu fēi chuán
space station	宇宙空间站	yǔ zhòu kōng jiān zhàn
blast-off	发射	fā shè

engine	发动机	fā dòng jī
nozzle	喷嘴	pēn zuǐ
fuel	燃料	rán liào

cockpit, flight deck	座舱	zuò cāng
antenna	天线	tiān xiàn
porthole	舷窗	xián chuāng
solar panel	太阳能电池	tàiyáng néng diànchí
spacesuit	太空服	tài kōng fú

| weightlessness | 失重 | shī zhòng |
| oxygen | 氧气 | yǎng qì |

| docking (in space) | 对接 | duì jiē |
| to dock (vi, vt) | 对接 | duì jiē |

observatory	天文台	tiānwén tái
telescope	天文望远镜	tiānwén wàngyuǎnjìng
to observe (vt)	观察到	guān chá dào
to explore (vt)	探索	tàn suǒ

75. The Earth

the Earth	地球	dì qiú
the globe (the Earth)	地球	dì qiú
planet	行星	xíng xīng

atmosphere	大气层	dà qì céng
geography	地理学	dì lǐ xué
nature	自然界	zì rán jiè

globe (table ~)	地球仪	dì qiú yí
map	地图	dì tú
atlas	地图册	dì tú cè

Europe	欧洲	ōuzhōu
Asia	亚洲	yàzhōu
Africa	非洲	fēizhōu
Australia	澳洲	àozhōu

America	美洲	měizhōu
North America	北美洲	běiměizhōu
South America	南美洲	nánměizhōu
Antarctica	南极洲	nánjízhōu
the Arctic	北极地区	běijídìqū

76. Cardinal directions

north	北方	běi fāng
to the north	朝北	cháo běi
in the north	在北方	zài běi fāng
northern (adj)	北方的	běi fāng de
south	南方	nán fāng
to the south	朝南	cháo nán
in the south	在南方	zài nán fāng
southern (adj)	南方的	nán fāng de
west	西方	xī fāng
to the west	朝西	cháo xī
in the west	在西方	zài xī fāng
western (adj)	西方的	xī fāng de
east	东方	dōng fāng
to the east	朝东	cháo dōng
in the east	在东方	zài dōng fāng
eastern (adj)	东方的	dōng fāng de

77. Sea. Ocean

sea	海，大海	hǎi, dà hǎi
ocean	海洋，大海	hǎi yáng, dà hǎi
gulf (bay)	海湾	hǎi wān
straits	海峡	hǎi xiá
land (solid ground)	陆地	lù dì
continent (mainland)	大陆，洲	dà lù, zhōu
island	岛，海岛	dǎo, hǎi dǎo
peninsula	半岛	bàn dǎo
archipelago	群岛	qún dǎo
bay, cove	海湾	hǎi wān
harbor	港口	gǎng kǒu
lagoon	泻湖	xiè hú
cape	海角	hǎi jiǎo
atoll	环状珊瑚岛	huánzhuàng shānhúdǎo
reef	礁	jiāo
coral	珊瑚	shān hú
coral reef	珊瑚礁	shān hú jiāo
deep (adj)	深的	shēn de
depth (deep water)	深度	shēn dù
abyss	深渊	shēn yuān
trench (e.g., Mariana ~)	海沟	hǎi gōu

current (Ocean ~)	水流	shuǐ liú
to surround (bathe)	环绕	huán rào
shore	岸	àn
coast	海岸，海滨	hǎi àn, hǎi bīn
flow (flood tide)	高潮	gāo cháo
ebb (ebb tide)	落潮	luò cháo
shoal	沙洲	shā zhōu
bottom (~ of the sea)	海底	hǎi dǐ
wave	波浪	bō làng
crest (~ of a wave)	浪峰	làng fēng
spume (sea foam)	泡沫	pào mò
storm (sea storm)	风暴	fēng bào
hurricane	飓风	jù fēng
tsunami	海啸	hǎi xiào
calm (dead ~)	风平浪静	fēng píng làng jìng
quiet, calm (adj)	平静的	píng jìng de
pole	北极	běi jí
polar (adj)	北极的	běi jí de
latitude	纬度	wěi dù
longitude	经度	jīng dù
parallel	纬线	wěi xiàn
equator	赤道	chì dào
sky	天	tiān
horizon	地平线	dì píng xiàn
air	空气	kōng qì
lighthouse	灯塔	dēng tǎ
to dive (vi)	跳水	tiào shuǐ
to sink (ab. boat)	沉没	chén mò
treasures	宝物	bǎo wù

78. Seas' and Oceans' names

Atlantic Ocean	大西洋	dà xī yáng
Indian Ocean	印度洋	yìn dù yáng
Pacific Ocean	太平洋	tài píng yáng
Arctic Ocean	北冰洋	běi bīng yáng
Black Sea	黑海	hēi hǎi
Red Sea	红海	hóng hǎi
Yellow Sea	黄海	huáng hǎi
White Sea	白海	bái hǎi
Caspian Sea	里海	lǐ hǎi

| Dead Sea | 死海 | sǐ hǎi |
| Mediterranean Sea | 地中海 | dìzhōng hǎi |

| Aegean Sea | 爱琴海 | àiqín hǎi |
| Adriatic Sea | 亚得里亚海 | yàdélǐyà hǎi |

Arabian Sea	阿拉伯海	ālābó hǎi
Sea of Japan	日本海	rìběn hǎi
Bering Sea	白令海	báilìng hǎi
South China Sea	南海	nán hǎi

Coral Sea	珊瑚海	shānhú hǎi
Tasman Sea	塔斯曼海	tǎsīmàn hǎi
Caribbean Sea	加勒比海	jiālèbǐ hǎi

| Barents Sea | 巴伦支海 | bālúnzhī hǎi |
| Kara Sea | 喀拉海 | kālā hǎi |

North Sea	北海	běi hǎi
Baltic Sea	波罗的海	bōluódì hǎi
Norwegian Sea	挪威海	nuówēi hǎi

79. Mountains

mountain	山	shān
mountain range	山脉	shān mài
mountain ridge	山脊	shān jǐ

summit, top	山顶	shān dǐng
peak	山峰	shān fēng
foot (~ of the mountain)	山脚	shān jiǎo
slope (mountainside)	山坡	shān pō

volcano	火山	huǒ shān
active volcano	活火山	huó huǒ shān
dormant volcano	死火山	sǐ huǒ shān

eruption	喷发	pèn fā
crater	火山口	huǒ shān kǒu
magma	岩浆	yán jiāng
lava	熔岩	róng yán
molten (~ lava)	炽热的	chì rè de

canyon	峡谷	xiá gǔ
gorge	峡谷	xiá gǔ
crevice	裂罅	liè xià

pass, col	山口	shān kǒu
plateau	高原	gāo yuán
cliff	悬崖	xuán yá

hill	小山	xiǎo shān
glacier	冰川，冰河	bīng chuān, bīng hé
waterfall	瀑布	pù bù
geyser	间歇泉	jiàn xiē quán
lake	湖	hú
plain	平原	píng yuán
landscape	风景	fēng jǐng
echo	回声	huí shēng
alpinist	登山家	dēng shān jiā
rock climber	攀岩者	pān yán zhě
to conquer (in climbing)	征服	zhēng fú
climb (an easy ~)	登山	dēng shān

80. Mountains names

The Alps	阿尔卑斯	āěrbēisī
Mont Blanc	勃朗峰	bólǎngfēng
The Pyrenees	比利牛斯	bǐlìniúsī
The Carpathians	喀尔巴阡	kāerbāqiān
The Ural Mountains	乌拉尔山脉	wūlāěr shānmài
The Caucasus Mountains	高加索	gāojiāsuǒ
Mount Elbrus	厄尔布鲁士山	èěrbùlǔshìshān
The Altai Mountains	阿尔泰	āěrtài
The Tian Shan	天山	tiānshān
The Pamir Mountains	帕米尔高原	pàmǐěr gāoyuán
The Himalayas	喜马拉雅山	xǐmǎlāyǎ shān
Mount Everest	珠穆朗玛峰	zhūmùlǎngmǎfēng
The Andes	安第斯	āndìsī
Mount Kilimanjaro	乞力马扎罗	qǐlìmǎzháluó

81. Rivers

river	河，江	hé, jiāng
spring (natural source)	泉，泉水	quán, quán shuǐ
riverbed (river channel)	河床	hé chuáng
basin	流域	liú yù
to flow into ...	流入	liú rù
tributary	支流	zhī liú
bank (of river)	岸	àn
current (stream)	水流	shuǐ liú
downstream (adv)	顺流而下	shùn liú ér xià

upstream (adv)	溯流而上	sù liú ér shàng
inundation	洪水	hóng shuǐ
flooding	水灾	shuǐ zāi
to overflow (vi)	溢出	yì chū
to flood (vt)	淹没	yān mò
shallow (shoal)	浅水	qiǎn shuǐ
rapids	急流	jí liú
dam	坝，堤坝	bà, dī bà
canal	运河	yùn hé
reservoir (artificial lake)	水库	shuǐ kù
sluice, lock	水闸	shuǐ zhá
water body (pond, etc.)	水体	shuǐ tǐ
swamp (marshland)	沼泽	zhǎo zé
bog, marsh	烂泥塘	làn ní táng
whirlpool	漩涡	xuàn wō
stream (brook)	小溪	xiǎo xī
drinking (ab. water)	饮用的	yǐn yòng de
fresh (~ water)	淡水的	dàn shuǐ de
ice	冰	bīng
to freeze over (ab. river, etc.)	封冻	fēng dòng

82. Rivers' names

Seine	塞纳河	sènà hé
Loire	卢瓦尔河	lúwǎěr hé
Thames	泰晤士河	tàiwùshì hé
Rhine	莱茵河	láiyīn hé
Danube	多瑙河	duōnǎo hé
Volga	伏尔加河	fúěrjiā hé
Don	顿河	dùn hé
Lena	勒拿河	lèná hé
Yellow River	黄河	huáng hé
Yangtze	长江	chángjiāng
Mekong	湄公河	méigōng hé
Ganges	恒河	héng hé
Nile River	尼罗河	níluó hé
Congo River	刚果河	gāngguǒ hé
Okavango River	奥卡万戈河	àokǎwàngē hé
Zambezi River	赞比亚河	zànbǐyà hé
Limpopo River	林波波河	línbōbō hé
Mississippi River	密西西比河	mìxīxībǐ hé

83. Forest

forest, wood	森林，树林	sēn lín, shù lín
forest (as adj)	树林的	shù lín de
thick forest	密林	mì lín
grove	小树林	xiǎo shù lín
forest clearing	林中草地	lín zhōng cǎo dì
thicket	灌木丛	guàn mù cóng
scrubland	灌木林	guàn mù lín
footpath (troddenpath)	小道	xiǎo dào
gully	冲沟	chōng gōu
tree	树，乔木	shù, qiáo mù
leaf	叶子	yè zi
leaves (foliage)	树叶	shù yè
fall of leaves	落叶	luò yè
to fall (ab. leaves)	凋落	diāo luò
top (of the tree)	树梢	shù shāo
branch	树枝	shù zhī
bough	粗树枝	cū shù zhī
bud (on shrub, tree)	芽	yá
needle (of pine tree)	针叶	zhēn yè
pine cone	球果	qiú guǒ
hollow (in a tree)	树洞	shù dòng
nest	鸟窝	niǎo wō
burrow (animal hole)	洞穴，兽穴	dòng xué, shòu xué
trunk	树干	shù gàn
root	树根	shù gēn
bark	树皮	shùpí
moss	苔藓	tái xiǎn
to uproot (remove trees or tree stumps)	根除	gēn chú
to chop down	砍倒	kǎn dǎo
to deforest (vt)	砍伐森林	kǎn fá sēn lín
tree stump	树桩	shù zhuāng
campfire	篝火	gōu huǒ
forest fire	森林火灾	sēn lín huǒ zāi
to extinguish (vt)	扑灭	pū miè
forest ranger	护林员	hù lín yuán
protection	保护	bǎo hù
to protect (~ nature)	保护	bǎo hù

poacher	偷猎者	tōu liè zhě
steel trap	陷阱	xiàn jǐng

to gather, to pick (vt)	采集	cǎi jí
to lose one's way	迷路	mí lù

84. Natural resources

natural resources	自然资源	zìrán zī yuán
minerals	矿物	kuàng wù
deposits	矿层	kuàng céng
field (e.g., oilfield)	矿田	kuàng tián

to mine (extract)	开采	kāi cǎi
mining (extraction)	采矿业	cǎi kuàng yè
ore	矿石	kuàng shí
mine (e.g., for coal)	矿，矿山	kuàng, kuàng shān
shaft (mine ~)	矿井	kuàng jǐng
miner	矿工	kuàng gōng

gas (natural ~)	煤气	méi qì
gas pipeline	煤气管道	méi qì guǎn dào
oil (petroleum)	石油	shí yóu
oil pipeline	油管	yóu guǎn
oil well	石油钻塔	shí yóu zuān tǎ
derrick (tower)	钻油塔	zuān yóu tǎ
tanker	油船，油轮	yóu chuán, yóu lún

sand	沙，沙子	shā, shā zi
limestone	石灰石	shí huī shí
gravel	砾石	lì shí
peat	泥煤	ní méi
clay	粘土	nián tǔ
coal	煤	méi

iron (ore)	铁	tiě
gold	黄金	huáng jīn
silver	银	yín
nickel	镍	niè
copper	铜	tóng

zinc	锌	xīn
manganese	锰	měng
mercury	水银	shuǐ yín
lead	铅	qiān

mineral	矿物	kuàng wù
crystal	结晶	jié jīng
marble	大理石	dà lǐ shí
uranium	铀	yóu

85. Weather

weather	天气	tiān qì
weather forecast	气象预报	qìxiàng yùbào
temperature	温度	wēn dù
thermometer	温度表	wēn dù biǎo
barometer	气压表	qì yā biǎo
humidity	空气湿度	kōng qì shī dù
heat (extreme ~)	炎热	yán rè
hot (torrid)	热的	rè de
it's hot	天气热	tiān qì rè
it's warm	天气暖	tiān qì nuǎn
warm (moderately hot)	暖和的	nuǎn huo de
it's cold	天气冷	tiān qì lěng
cold (adj)	冷的	lěng de
sun	太阳	tài yáng
to shine (vi)	发光	fā guāng
sunny (day)	阳光充足的	yáng guāng chōng zú de
to come up (vi)	升起	shēng qǐ
to set (vi)	落山	luò shān
cloud	云	yún
cloudy (adj)	多云的	duō yún de
rain cloud	乌云	wū yún
somber (gloomy)	阴沉的	yīn chén de
rain	雨	yǔ
it's raining	下雨	xià yǔ
rainy (~ day, weather)	雨 ···, 多雨的	yǔ ..., duō yǔ de
to drizzle (vi)	下毛毛雨	xià máo máo yǔ
pouring rain	倾盆大雨	qīng pén dà yǔ
downpour	暴雨	bào yǔ
heavy (e.g., ~ rain)	大 ···	dà ...
puddle	水洼	shuǐ wā
to get wet (in rain)	淋湿	lín shī
fog (mist)	雾气	wù qì
foggy	多雾的	duō wù de
snow	雪	xuě
it's snowing	下雪	xià xuě

86. Severe weather. Natural disasters

thunderstorm	大雷雨	dà léi yǔ
lightning (~ strike)	闪电	shǎn diàn

to flash (vi)	闪光	shǎn guāng
thunder	雷，雷声	léi, léi shēng
to thunder (vi)	打雷	dǎ léi
it's thundering	打雷	dǎ léi
hail	雹子	báo zi
it's hailing	下冰雹	xià bīng báo
to flood (vt)	淹没	yān mò
flood, inundation	洪水	hóng shuǐ
earthquake	地震	dì zhèn
tremor, quake	震动	zhèn dòng
epicenter	震中	zhèn zhōng
eruption	喷发	pèn fā
lava	熔岩	róng yán
twister	旋风	xuànfēng
tornado	龙卷风	lóng juàn fēng
typhoon	台风	tái fēng
hurricane	飓风	jù fēng
storm	风暴	fēng bào
tsunami	海啸	hǎi xiào
cyclone	气旋	qì xuán
bad weather	恶劣天气	è liè tiān qì
fire (accident)	火灾	huǒ zāi
disaster	灾难	zāi nàn
meteorite	陨石	yǔn shí
avalanche	雪崩	xuě bēng
snowslide	雪崩	xuě bēng
blizzard	暴风雪	bào fēng xuě
snowstorm	暴风雪	bào fēng xuě

T&P BOOKS

FAUNA

T&P Books Publishing

87. Mammals. Predators

predator	捕食者	bǔ shí zhě
tiger	老虎	lǎo hǔ
lion	狮子	shī zi
wolf	狼	láng
fox	狐狸	húli
jaguar	美洲豹	měi zhōu bào
leopard	豹	bào
cheetah	猎豹	liè bào
black panther	豹	bào
puma	美洲狮	měi zhōu shī
snow leopard	雪豹	xuě bào
lynx	猞猁	shē lì
coyote	丛林狼	cóng lín láng
jackal	豺	chái
hyena	鬣狗	liè gǒu

88. Wild animals

animal	动物	dòng wù
beast (animal)	兽	shòu
squirrel	松鼠	sōng shǔ
hedgehog	刺猬	cì wei
hare	野兔	yě tù
rabbit	家兔	jiā tù
badger	獾	huān
raccoon	浣熊	huàn xióng
hamster	仓鼠	cāng shǔ
marmot	土拨鼠	tǔ bō shǔ
mole	鼹鼠	yǎn shǔ
mouse	老鼠	lǎo shǔ
rat	大家鼠	dà jiā shǔ
bat	蝙蝠	biān fú
ermine	白鼬	bái yòu
sable	黑貂	hēi diāo
marten	貂	diāo

weasel	银鼠	yín shǔ
mink	水貂	shuǐ diāo
beaver	海狸	hǎi lí
otter	水獭	shuǐ tǎ
horse	马	mǎ
moose	驼鹿	tuó lù
deer	鹿	lù
camel	骆驼	luò tuo
bison	美洲野牛	měizhōu yěniú
aurochs	欧洲野牛	ōuzhōu yěniú
buffalo	水牛	shuǐ niú
zebra	斑马	bān mǎ
antelope	羚羊	líng yáng
roe deer	狍子	páo zi
fallow deer	扁角鹿	biǎn jiǎo lù
chamois	岩羚羊	yán líng yáng
wild boar	野猪	yě zhū
whale	鲸	jīng
seal	海豹	hǎi bào
walrus	海象	hǎi xiàng
fur seal	海狗	hǎi gǒu
dolphin	海豚	hǎi tún
bear	熊	xióng
polar bear	北极熊	běi jí xióng
panda	熊猫	xióng māo
monkey	猴子	hóu zi
chimpanzee	黑猩猩	hēi xīng xing
orangutan	猩猩	xīng xing
gorilla	大猩猩	dà xīng xing
macaque	猕猴	mí hóu
gibbon	长臂猿	cháng bì yuán
elephant	象	xiàng
rhinoceros	犀牛	xī niú
giraffe	长颈鹿	cháng jǐng lù
hippopotamus	河马	hé mǎ
kangaroo	袋鼠	dài shǔ
koala (bear)	树袋熊	shù dài xióng
mongoose	猫鼬	māo yòu
chinchilla	毛丝鼠	máo sī shǔ
skunk	臭鼬	chòu yòu
porcupine	箭猪	jiàn zhū

89. Domestic animals

cat	母猫	mǔ māo
tomcat	雄猫	xióng māo
horse	马	mǎ
stallion	公马	gōng mǎ
mare	母马	mǔ mǎ
cow	母牛	mǔ niú
bull	公牛	gōng niú
ox	阉牛	yān niú
sheep (ewe)	羊，绵羊	yáng, mián yáng
ram	公绵羊	gōng mián yáng
goat	山羊	shān yáng
billy goat, he-goat	公山羊	gōng shān yáng
donkey	驴	lǘ
mule	骡子	luó zi
pig, hog	猪	zhū
piglet	小猪	xiǎo zhū
rabbit	家兔	jiā tù
hen (chicken)	母鸡	mǔ jī
rooster	公鸡	gōng jī
duck	鸭子	yā zi
drake	公鸭子	gōng yā zi
goose	鹅	é
tom turkey, gobbler	雄火鸡	xióng huǒ jī
turkey (hen)	火鸡	huǒ jī
domestic animals	家畜	jiā chù
tame (e.g., ~ hamster)	驯化的	xùn huà de
to tame (vt)	驯化	xùn huà
to breed (vt)	饲养	sì yǎng
farm	农场	nóng chǎng
poultry	家禽	jiā qín
cattle	牲畜	shēng chù
herd (cattle)	群	qún
stable	马厩	mǎ jiù
pigsty	猪圈	zhū jiàn
cowshed	牛棚	niú péng
rabbit hutch	兔舍	tù shè
hen house	鸡窝	jī wō

90. Birds

bird	鸟	niǎo
pigeon	鸽子	gē zi
sparrow	麻雀	má què
tit	山雀	shān què
magpie	喜鹊	xǐ què

raven	渡鸦	dù yā
crow	乌鸦	wū yā
jackdaw	穴鸟	xué niǎo
rook	秃鼻乌鸦	tū bí wū yā

duck	鸭子	yā zi
goose	鹅	é
pheasant	野鸡	yě jī

eagle	鹰	yīng
hawk	鹰，隼	yīng, sǔn
falcon	隼，猎鹰	sǔn, liè yīng
vulture	秃鹫	tū jiù
condor (Andean ~)	神鹰	shén yīng

swan	天鹅	tiān é
crane	鹤	hè
stork	鹳	guàn

parrot	鹦鹉	yīng wǔ
hummingbird	蜂鸟	fēng niǎo
peacock	孔雀	kǒng què

ostrich	鸵鸟	tuó niǎo
heron	鹭	lù
flamingo	火烈鸟	huǒ liè niǎo
pelican	鹈鹕	tí hú

nightingale	夜莺	yè yīng
swallow	燕子	yàn zi

thrush	田鸫	tián dōng
song thrush	歌鸫	gē jiū
blackbird	乌鸫	wū dōng

swift	雨燕	yǔ yàn
lark	云雀	yún què
quail	鹌鹑	ān chún

woodpecker	啄木鸟	zhuó mù niǎo
cuckoo	布谷鸟	bù gǔ niǎo
owl	猫头鹰	māo tóu yīng
eagle owl	雕号鸟	diāo hào niǎo

wood grouse	松鸡	sōng jī
black grouse	黑琴鸡	hēi qín jī
partridge	山鹑	shān chún

starling	椋鸟	liáng niǎo
canary	金丝雀	jīn sī què
hazel grouse	花尾榛鸡	huā yǐ qín jī
chaffinch	苍头燕雀	cāng tóu yàn què
bullfinch	红腹灰雀	hóng fù huī què

seagull	海鸥	hǎi ōu
albatross	信天翁	xìn tiān wēng
penguin	企鹅	qǐ é

91. Fish. Marine animals

bream	鳊鱼	biān yú
carp	鲤鱼	lǐyú
perch	鲈鱼	lú yú
catfish	鲶鱼	nián yú
pike	狗鱼	gǒu yú

| salmon | 鲑鱼 | guī yú |
| sturgeon | 鲟鱼 | xú nyú |

herring	鲱鱼	fēi yú
Atlantic salmon	大西洋鲑	dà xī yáng guī
mackerel	鲭鱼	qīng yú
flatfish	比目鱼	bǐ mù yú

zander, pike perch	白梭吻鲈	bái suō wěn lú
cod	鳕鱼	xuě yú
tuna	金枪鱼	jīn qiāng yú
trout	鳟鱼	zūn yú

eel	鳗鱼, 鳝鱼	mán yú, shàn yú
electric ray	电鳐目	diàn yáo mù
moray eel	海鳝	hǎi shàn
piranha	食人鱼	shí rén yú

shark	鲨鱼	shā yú
dolphin	海豚	hǎi tún
whale	鲸	jīng

crab	螃蟹	páng xiè
jellyfish	海蜇	hǎi zhē
octopus	章鱼	zhāng yú

| starfish | 海星 | hǎi xīng |
| sea urchin | 海胆 | hǎi dǎn |

seahorse	海马	hǎi mǎ
oyster	牡蛎	mǔ lì
shrimp	虾，小虾	xiā, xiǎo xiā
lobster	鳌龙虾	áo lóng xiā
spiny lobster	龙虾科	lóng xiā kē

92. Amphibians. Reptiles

snake	蛇	shé
venomous (snake)	有毒的	yǒu dú de
viper	蝮蛇	fù shé
cobra	眼镜蛇	yǎn jìng shé
python	蟒蛇	mǎng shé
boa	大蟒蛇	dà mǎng shé
grass snake	水游蛇	shuǐ yóu shé
rattle snake	响尾蛇	xiǎng wěi shé
anaconda	森蚺	sēn rán
lizard	蜥蜴	xī yì
iguana	鬣鳞蜥	liè lín xī
monitor lizard	巨蜥	jù xī
salamander	蝾螈	róng yuán
chameleon	变色龙	biàn sè lóng
scorpion	蝎子	xiē zi
turtle	龟	guī
frog	青蛙	qīng wā
toad	蟾蜍	chán chú
crocodile	鳄鱼	è yú

93. Insects

insect, bug	昆虫	kūn chóng
butterfly	蝴蝶	hú dié
ant	蚂蚁	mǎ yǐ
fly	苍蝇	cāng ying
mosquito	蚊子	wén zi
beetle	甲虫	jiǎ chóng
wasp	黄蜂	huáng fēng
bee	蜜蜂	mì fēng
bumblebee	熊蜂	xióng fēng
gadfly	牛虻	niú méng
spider	蜘蛛	zhī zhū
spider's web	蜘蛛网	zhī zhū wǎng

dragonfly	蜻蜓	qīng tíng
grasshopper	蝗虫	huáng chóng
moth (night butterfly)	蛾	é

cockroach	蟑螂	zhāng láng
tick	壁虱	bì shī
flea	跳蚤	tiào zao
midge	蠓	měng

locust	蝗虫	huáng chóng
snail	蜗牛	wō niú
cricket	蟋蟀	xī shuài
lightning bug	萤火虫	yíng huǒ chóng
ladybug	瓢虫	piáo chóng
cockchafer	大俚鳃角金龟	dà lì sāi jiǎo jīn guī

leech	水蛭	shuǐ zhì
caterpillar	毛虫	máo chóng
earthworm	虫，蠕虫	chóng, rú chóng
larva	幼虫	yòu chóng

FLORA

T&P Books Publishing

tree	树，乔木	shù, qiáo mù
deciduous (adj)	每年落叶的	měi nián luò yè de
coniferous (adj)	针叶树	zhēn yè shù
evergreen (adj)	常绿树	cháng lǜ shù
apple tree	苹果树	píngguǒ shù
pear tree	梨树	lí shù
sweet cherry tree	欧洲甜樱桃树	oūzhōu tián yīngtáo shù
sour cherry tree	樱桃树	yīngtáo shù
plum tree	李树	lǐ shù
birch	白桦，桦树	bái huà, huà shù
oak	橡树	xiàng shù
linden tree	椴树	duàn shù
aspen	山杨	shān yáng
maple	枫树	fēng shù
spruce	枞树，杉树	cōng shù, shān shù
pine	松树	sōng shù
larch	落叶松	luò yè sōng
fir tree	冷杉	lěng shān
cedar	雪松	xuě sōng
poplar	杨	yáng
rowan	花楸	huā qiū
willow	柳树	liǔ shù
alder	赤杨	chì yáng
beech	山毛榉	shān máo jǔ
elm	榆树	yú shù
ash (tree)	白腊树	bái là shù
chestnut	栗树	lì shù
magnolia	木兰	mù lán
palm tree	棕榈树	zōng lǜ shù
cypress	柏树	bǎi shù
baobab	猴面包树	hóu miàn bāo shù
eucalyptus	桉树	ān shù
sequoia	红杉	hóng shān

95. Shrubs

bush	灌木	guàn mù
shrub	灌木	guàn mù
grapevine	葡萄	pú tao
vineyard	葡萄园	pú táo yuán
raspberry bush	悬钩栗	xuán gōu lì
redcurrant bush	红醋栗	hóng cù lì
gooseberry bush	醋栗	cù lì
acacia	金合欢	jīn hé huān
barberry	小檗	xiǎo bò
jasmine	茉莉	mò li
juniper	刺柏	cì bǎi
rosebush	玫瑰丛	méi guī cóng
dog rose	犬蔷薇	quǎn qiáng wēi

96. Fruits. Berries

apple	苹果	píng guǒ
pear	梨	lí
plum	李子	lǐ zi
strawberry	草莓	cǎo méi
sour cherry	樱桃	yīngtáo
sweet cherry	欧洲甜樱桃	oūzhōu tián yīngtáo
grape	葡萄	pú tao
raspberry	覆盆子	fù pén zi
blackcurrant	黑醋栗	hēi cù lì
redcurrant	红醋栗	hóng cù lì
gooseberry	醋栗	cù lì
cranberry	小红莓	xiǎo hóng méi
orange	橙子	chén zi
mandarin	橘子	jú zi
pineapple	菠萝	bō luó
banana	香蕉	xiāng jiāo
date	海枣	hǎi zǎo
lemon	柠檬	níng méng
apricot	杏子	xìng zi
peach	桃子	táo zi
kiwi	猕猴桃	mí hóu táo
grapefruit	葡萄柚	pú tao yòu
berry	浆果	jiāng guǒ

berries	浆果	jiāng guǒ
cowberry	越橘	yuè jú
field strawberry	草莓	cǎo méi
bilberry	越橘	yuè jú

97. Flowers. Plants

| flower | 花 | huā |
| bouquet (of flowers) | 花束 | huā shù |

rose (flower)	玫瑰	méi guī
tulip	郁金香	yù jīn xiāng
carnation	康乃馨	kāng nǎi xīn
gladiolus	唐菖蒲	táng chāng pú

cornflower	矢车菊	shǐ chē jú
bluebell	风铃草	fēng líng cǎo
dandelion	蒲公英	pú gōng yīng
camomile	甘菊	gān jú

aloe	芦荟	lúhuì
cactus	仙人掌	xiān rén zhǎng
rubber plant, ficus	橡胶树	xiàng jiāo shù

lily	百合花	bǎi hé huā
geranium	天竺葵	tiān zhú kuí
hyacinth	风信子	fēng xìn zǐ

mimosa	含羞草	hán xiū cǎo
narcissus	水仙	shuǐ xiān
nasturtium	旱金莲	hàn jīn lián

orchid	兰花	lán huā
peony	芍药	sháo yao
violet	紫罗兰	zǐ luó lán

pansy	三色堇	sān sè jǐn
forget-me-not	勿忘草	wù wàng cǎo
daisy	雏菊	chú jú

poppy	罂粟	yīng sù
hemp	大麻	dà má
mint	薄河	bó hé

| lily of the valley | 铃兰 | líng lán |
| snowdrop | 雪花莲 | xuě huā lián |

nettle	荨麻	qián má
sorrel	酸模	suān mó
water lily	睡莲	shuì lián

| fern | 蕨 | jué |
| lichen | 地衣 | dì yī |

greenhouse (tropical ~)	温室	wēn shì
lawn	草坪	cǎo píng
flowerbed	花坛，花圃	huā tán, huā pǔ

plant	植物	zhí wù
grass	草	cǎo
blade of grass	叶片	yè piàn

leaf	叶子	yè zi
petal	花瓣	huā bàn
stem	茎	jīng
tuber	块茎	kuài jīng

| young plant (shoot) | 芽 | yá |
| thorn | 刺 | cì |

to blossom (vi)	开花	kāi huā
to fade, to wither	枯萎	kū wěi
smell (odor)	香味	xiāng wèi
to cut (flowers)	切	qiē
to pick (a flower)	采，摘	cǎi, zhāi

98. Cereals, grains

grain	谷物	gǔ wù
cereal crops	谷类作物	gǔ lèi zuò wù
ear (of barley, etc.)	穗	suì

wheat	小麦	xiǎo mài
rye	黑麦	hēi mài
oats	燕麦	yàn mài
millet	粟，小米	sù, xiǎo mǐ
barley	大麦	dàmài

corn	玉米	yù mǐ
rice	稻米	dào mǐ
buckwheat	荞麦	qiáo mài

pea plant	豌豆	wān dòu
kidney bean	四季豆	sì jì dòu
soy	黄豆	huáng dòu
lentil	兵豆	bīng dòu
beans (pulse crops)	豆子	dòu zi

COUNTRIES OF
THE WORLD

T&P Books Publishing

Afghanistan	阿富汗	āfùhàn
Albania	阿尔巴尼亚	āěrbāníyà
Argentina	阿根廷	āgēntíng
Armenia	亚美尼亚	yàměiníyà
Australia	澳大利亚	àodàlìyà
Austria	奥地利	àodìlì
Azerbaijan	阿塞拜疆	āsàibàijiāng
The Bahamas	巴哈马群岛	bāhāmǎ qúndǎo
Bangladesh	孟加拉国	mèngjiālāguó
Belarus	白俄罗斯	báiéluósī
Belgium	比利时	bǐlìshí
Bolivia	玻利维亚	bōlìwéiyà
Bosnia and Herzegovina	波斯尼亚-黑塞哥维那	bōsīníyà hēisègēwéinà
Brazil	巴西	bāxī
Bulgaria	保加利亚	bǎojiālìyà
Cambodia	柬埔寨	jiǎnpǔzhài
Canada	加拿大	jiānádà
Chile	智利	zhìlì
China	中国	zhōngguó
Colombia	哥伦比亚	gēlúnbǐyà
Croatia	克罗地亚	kèluódìyà
Cuba	古巴	gǔbā
Cyprus	塞浦路斯	sàipǔlùsī
Czech Republic	捷克共和国	jiékè gònghéguó
Denmark	丹麦	dānmài
Dominican Republic	多米尼加共和国	duōmǐníjiāgònghéguó
Ecuador	厄瓜多尔	èguāduōěr
Egypt	埃及	āijí
England	英国	yīngguó
Estonia	爱沙尼亚	àishāníyà
Finland	芬兰	fēnlán
France	法国	fǎguó
French Polynesia	法属波利尼西亚	fǎshǔ bōlìníxīyà
Georgia	格鲁吉亚	gélǔjíyà
Germany	德国	dé guó
Ghana	加纳	jiā nà
Great Britain	大不列颠	dàbùlièdiān
Greece	希腊	xīlà
Haiti	海地	hǎidì
Hungary	匈牙利	xiōngyálì

100. Countries. Part 2

Iceland	冰岛	bīngdǎo
India	印度	yìndù
Indonesia	印度尼西亚	yìndùníxīyà
Iran	伊朗	yīlǎng
Iraq	伊拉克	yīlākè
Ireland	爱尔兰	aìěrlán
Israel	以色列	yǐsèliè
Italy	意大利	yìdàlì
Jamaica	牙买加	yámǎijiā
Japan	日本	rìběn
Jordan	约旦	yuēdàn
Kazakhstan	哈萨克斯坦	hāsàkèsītǎn
Kenya	肯尼亚	kěn ní yà
Kirghizia	吉尔吉斯	jíěrjísī
Kuwait	科威特	kēwēitè
Laos	老挝	lǎowō
Latvia	拉脱维亚	lātuōwéiyà
Lebanon	黎巴嫩	líbānèn
Libya	利比亚	lìbǐyà
Liechtenstein	列支敦士登	lièzhīdūnshìdēng
Lithuania	立陶宛	lìtáowǎn
Luxembourg	卢森堡	lúsēnbǎo
Macedonia (Republic of ~)	马其顿	mǎqídùn
Madagascar	马达加斯加	mǎdájiāsījiā
Malaysia	马来西亚	mǎláixīyà
Malta	马耳他	mǎěrtā
Mexico	墨西哥	mòxīgē
Moldova, Moldavia	摩尔多瓦	móěrduōwǎ
Monaco	摩纳哥	mónàgē
Mongolia	蒙古	ménggǔ
Montenegro	黑山	hēishān
Morocco	摩洛哥	móluògē
Myanmar	缅甸	miǎndiàn
Namibia	纳米比亚	nàmǐbǐyà
Nepal	尼泊尔	níbóěr
Netherlands	荷兰	hélán
New Zealand	新西兰	xīnxīlán
North Korea	北朝鲜	běicháoxiǎn
Norway	挪威	nuówēi

101. Countries. Part 3

| Pakistan | 巴基斯坦 | bājīsītǎn |
| Palestine | 巴勒斯坦 | bālèsītǎn |

Panama	巴拿马	bānámǎ
Paraguay	巴拉圭	bālāguī
Peru	秘鲁	bìlǔ
Poland	波兰	bōlán
Portugal	葡萄牙	pútáoyá
Romania	罗马尼亚	luómǎníyà
Russia	俄罗斯	éluósī

Saudi Arabia	沙特阿拉伯	shātè ālābó
Scotland	苏格兰	sūgélán
Senegal	塞内加尔	sàinèijiāěr
Serbia	塞尔维亚	sāiěrwéiyà
Slovakia	斯洛伐克	sīluòfákè
Slovenia	斯洛文尼亚	sīluòwénníyà

South Africa	南非	nánfēi
South Korea	韩国	hánguó
Spain	西班牙	xībānyá
Suriname	苏里南	sūlǐnán
Sweden	瑞典	ruìdiǎn
Switzerland	瑞士	ruìshì
Syria	叙利亚	xùlìyà

Taiwan	台湾	táiwān
Tajikistan	塔吉克斯坦	tǎjíkèsītǎn
Tanzania	坦桑尼亚	tǎnsāngníyà
Tasmania	塔斯马尼亚	tǎsīmǎníyà
Thailand	泰国	tàiguó
Tunisia	突尼斯	tūnísī
Turkey	土耳其	tǔěrqí
Turkmenistan	土库曼斯坦	tǔkùmànsītǎn

Ukraine	乌克兰	wūkèlán
United Arab Emirates	阿联酋	ēliánqiú
United States of America	美国	měiguó
Uruguay	乌拉圭	wūlāguī
Uzbekistan	乌兹别克斯坦	wūzībiékèsītǎn

Vatican	梵蒂冈	fàndìgāng
Venezuela	委内瑞拉	wěinèiruìlā
Vietnam	越南	yuènán
Zanzibar	桑给巴尔	sāngjǐbāěr

GASTRONOMIC GLOSSARY

This section contains a lot of words and terms associated with food. This dictionary will make it easier for you to understand the menu at a restaurant and choose the right dish

T&P Books Publishing

aftertaste	回味，余味	huí wèi, yú wèi
almond	杏仁	xìng rén
anise	茴芹	huí qín
aperitif	开胃酒	kāi wèi jiǔ
appetite	胃口	wèi kǒu
appetizer	开胃菜	kāi wèi cài
apple	苹果	píng guǒ
apricot	杏子	xìng zi
artichoke	朝鲜蓟	cháo xiǎn jì
asparagus	芦笋	lú sǔn
Atlantic salmon	大西洋鲑	dà xī yáng guī
avocado	鳄梨	è lí
bacon	腊肉	là ròu
banana	香蕉	xiāng jiāo
barley	大麦	dàmài
bartender	酒保	jiǔ bǎo
basil	罗勒	luó lè
bay leaf	月桂叶	yuè guì yè
beans	豆子	dòu zi
beef	牛肉	niú ròu
beer	啤酒	píjiǔ
beetroot	甜菜	tiáncài
bell pepper	胡椒，辣椒	hú jiāo, là jiāo
berries	浆果	jiāng guǒ
berry	浆果	jiāng guǒ
bilberry	越橘	yuè jú
birch bolete	褐疣柄牛肝菌	hè yóu bǐng niú gān jūn
bitter	苦的	kǔ de
black coffee	黑咖啡	hēi kāfēi
black pepper	黑胡椒	hēi hú jiāo
black tea	红茶	hóng chá
blackberry	黑莓	hēi méi
blackcurrant	黑醋栗	hēi cù lì
boiled	煮熟的	zhǔ shóu de
bottle opener	瓶起子	píng qǐ zi
bread	面包	miàn bāo
breakfast	早饭	zǎo fàn
bream	鳊鱼	biān yú
broccoli	西蓝花	xī lán huā
Brussels sprouts	球芽甘蓝	qiú yá gān lán
buckwheat	荞麦	qiáo mài
butter	黄油	huáng yóu
buttercream	乳脂	rǔ zhī
cabbage	洋白菜	yáng bái cài

cake	小蛋糕	xiǎo dàngāo
cake	蛋糕	dàngāo
calorie	卡路里	kǎlùlǐ
can opener	开罐器	kāi guàn qì
candy	糖果	táng guǒ
canned food	罐头食品	guàn tou shí pǐn
cappuccino	卡布奇诺	kǎ bù jī nuò
caraway	葛缕子	gélǚ zi
carbohydrates	碳水化合物	tàn shuǐ huà hé wù
carbonated	苏打 …	sū dá …
carp	鲤鱼	lǐyú
carrot	胡萝卜	hú luó bo
catfish	鲶鱼	nián yú
cauliflower	菜花	cài huā
caviar	鱼子酱	yúzǐ jiàng
celery	芹菜	qín cài
cep	美味牛肝菌	měi wèi niú gān jūn
cereal crops	谷类作物	gǔ lèi zuò wù
cereal grains	谷粒	gǔ lì
champagne	香槟	xiāng bīn
chanterelle	鸡油菌	jī yóu jūn
check	账单	zhàng dān
cheese	奶酪	nǎi lào
chewing gum	口香糖	kǒu xiāng táng
chicken	鸡肉	jī ròu
chocolate	巧克力	qiǎo kè lì
chocolate	巧克力的	qiǎo kè lì de
cinnamon	肉桂	ròu guì
clear soup	清汤	qīng tāng
cloves	丁香	dīng xiāng
cocktail	鸡尾酒	jī wěi jiǔ
coconut	椰子	yē zi
cod	鳕鱼	xuě yú
coffee	咖啡	kāfēi
coffee with milk	加牛奶的咖啡	jiāniúnǎide kāfēi
cognac	法国白兰地	fǎguó báilándì
cold	冷的	lěng de
condensed milk	炼乳	liàn rǔ
condiment	调味品	diào wèi pǐn
confectionery	油酥面饼	yóu sū miàn bǐng
cookies	饼干	bǐng gān
coriander	芫荽	yuán suī
corkscrew	螺旋 拔塞器	luóxuán básāiqì
corn	玉米	yù mǐ
corn	玉米	yù mǐ
cornflakes	玉米片	yù mǐ piàn
course, dish	菜	cài
cowberry	越橘	yuè jú
crab	螃蟹	páng xiè
cranberry	小红莓	xiǎo hóng méi
cream	奶油	nǎi yóu
crumb	面包屑	miàn bāo xiè

cucumber	黄瓜	huáng guā
cuisine	菜肴	cài yáo
cup	杯子	bēi zi
dark beer	黑啤酒	hēi píjiǔ
date	海枣	hǎi zǎo
death cap	毒蕈	dú xùn
dessert	甜点心	tián diǎn xīn
diet	日常饮食	rì cháng yǐn shí
dill	莳萝	shì luó
dinner	晚餐	wǎn cān
dried	干的	gān de
drinking water	饮用水	yǐn yòng shuǐ
duck	鸭子	yā zi
ear	穗	suì
edible mushroom	可食的蘑菇	kěshíde mógu
eel	鳗鱼，鳝鱼	mán yú, shàn yú
egg	鸡蛋	jī dàn
egg white	蛋白	dàn bái
egg yolk	蛋黄	dàn huáng
eggplant	茄子	qié zi
eggs	鸡蛋	jī dàn
Enjoy your meal!	请慢用！	qǐng màn yòng!
fats	脂肪	zhī fáng
field strawberry	草莓	cǎo méi
fig	无花果	wú huā guǒ
filling	馅	xiàn
fish	鱼	yú
flatfish	比目鱼	bǐ mù yú
flour	面粉	miàn fěn
fly agaric	蛤蟆菌	há má jùn
food	食物	shí wù
fork	叉，餐叉	chā, cān chā
freshly squeezed juice	新鲜果汁	xīnxiān guǒzhī
fried	油煎的	yóu jiān de
fried eggs	煎蛋	jiān dàn
fried meatballs	肉饼	ròu bǐng
frozen	冷冻的	lěng dòng de
fruit	水果	shuǐ guǒ
game	猎物	liè wù
gammon	熏火腿	xūn huǒ tuǐ
garlic	大蒜	dà suàn
gin	杜松子酒	dù sōng zǐ jiǔ
ginger	姜	jiāng
glass	杯子	bēi zi
glass	酒杯	jiǔ bēi
goose	鹅肉	é ròu
gooseberry	醋栗	cù lì
grain	谷物	gǔ wù
grape	葡萄	pú tao
grapefruit	葡萄柚	pú tao yòu
green tea	绿茶	lǜ chá
greens	青菜	qīng cài

halibut	比目鱼	bǐ mù yú
ham	火腿	huǒ tuǐ
hamburger	碎牛肉	suì niú ròu
hamburger	汉堡	hàn bǎo
hazelnut	榛子	zhēn zi
herring	鲱鱼	fēi yú
honey	蜂蜜	fēng mì
horseradish	辣根汁	là gēn zhī
hot	烫的	tàng de
ice	冰	bīng
ice-cream	冰淇淋	bīng qí lín
instant coffee	速溶咖啡	sùróng kāfēi
jam	果冻	guǒ dòng
jam	果酱	guǒ jiàng
juice	果汁	guǒzhī
kidney bean	四季豆	sì jì dòu
kiwi	猕猴桃	mí hóu táo
knife	刀，刀子	dāo, dāo zi
lamb	羊肉	yáng ròu
lard	猪油	zhū yóu
lemon	柠檬	níng méng
lemonade	柠檬水	níng méng shuǐ
lentil	兵豆	bīng dòu
lettuce	生菜，莴苣	shēng cài, wō jù
light beer	淡啤酒	dàn píjiǔ
liqueur	甜酒	tián jiǔ
liquors	烈酒	liè jiǔ
liver	肝	gān
lunch	午饭	wǔ fàn
mackerel	鲭鱼	qīng yú
mandarin	橘子	jú zi
mango	芒果	máng guǒ
margarine	人造奶油	rénzào nǎi yóu
marmalade	酸果酱	suān guǒ jiàng
mashed potatoes	土豆泥	tǔ dòu ní
mayonnaise	蛋黄酱	dàn huáng jiàng
meat	肉	ròu
melon	瓜，甜瓜	guā, tián guā
menu	菜单	cài dān
milk	牛奶	niú nǎi
milkshake	奶昔	nǎi xī
millet	粟，小米	sù, xiǎo mǐ
mineral water	矿泉水	kuàng quán shuǐ
morel	羊肚菌	yáng dǔ jùn
mushroom	蘑菇	mógu
mustard	芥末	jiè mo
non-alcoholic	不含酒精的	bù hán jiǔ jīng de
noodles	面条	miàn tiáo
oats	燕麦	yàn mài
olive oil	橄榄油	gǎn lǎn yóu
olives	橄榄	gǎn lǎn
omelet	鸡蛋饼	jīdàn bǐng

onion	洋葱	yáng cōng
orange	橙子	chén zi
orange juice	橙子汁	chéng zi zhī
orange-cap boletus	橙盖牛肝菌	chéng gài niú gān jūn
oyster	牡蛎	mǔ lì
pâté	鹅肝酱	é gān jiàng
papaya	木瓜	mù guā
paprika	红甜椒粉	hóng tián jiāo fěn
parsley	欧芹	ōu qín
pasta	通心粉	tōng xīn fěn
pea	豌豆	wān dòu
peach	桃子	táo zi
peanut	花生	huā shēng
pear	梨	lí
peel	皮	pí
perch	鲈鱼	lú yú
pickled	醋渍的	cù zì de
pie	大馅饼	dà xiàn bǐng
piece	一块	yī kuài
pike	狗鱼	gǒu yú
pike perch	白梭吻鲈	bái suō wěn lú
pineapple	菠萝	bō luó
pistachios	开心果	kāi xīn guǒ
pizza	比萨饼	bǐ sà bǐng
plate	盘子	pán zi
plum	李子	lǐ zi
poisonous mushroom	毒蘑菇	dú mógu
pomegranate	石榴	shí liú
pork	猪肉	zhū ròu
porridge	麦片粥	mài piàn zhōu
portion	一份	yī fèn
potato	土豆	tǔ dòu
proteins	蛋白质	dàn bái zhì
pub, bar	酒吧	jiǔ bā
pumpkin	南瓜	nán guā
rabbit	兔肉	tù ròu
radish	水萝卜	shuǐ luó bo
raisin	葡萄干	pútao gān
raspberry	覆盆子	fù pén zi
recipe	烹饪法	pēng rèn fǎ
red pepper	红辣椒粉	hóng là jiāo fěn
redcurrant	红醋栗	hóng cù lì
refreshing drink	清凉饮料	qīng liáng yǐn liào
rice	米	mǐ
rum	朗姆酒	lǎng mǔ jiǔ
russula	红菇	hóng gū
rye	黑麦	hēi mài
saffron	番红花	fān hóng huā
salad	沙拉	shā lā
salmon	鲑鱼	guī yú
salt	盐，食盐	yán, shí yán
salty	咸的	xián de

sandwich	三明治	sān míng zhì
sardine	沙丁鱼	shā dīng yú
sauce	调味汁	tiáo wèi zhī
saucer	碟子	dié zi
sausage	香肠	xiāng cháng
seafood	海鲜	hǎi xiān
sesame	芝麻	zhī ma
shark	鲨鱼	shā yú
shrimp	虾，小虾	xiā, xiǎo xiā
side dish	配菜	pèi cài
slice	一片	yī piàn
smoked	熏烤的	xūn kǎo de
soft drink	软性饮料	ruǎn xìng yǐn liào
soup	汤	tāng
soup spoon	汤匙	tāng chí
sour cherry	樱桃	yīngtáo
sour cream	酸奶油	suān nǎi yóu
soy	黄豆	huáng dòu
spaghetti	意大利面条	yì dà lì miàn tiáo
sparkling	汽水	qì shuǐ
spice	香料	xiāng liào
spinach	菠菜	bō cài
spiny lobster	龙虾	lóng xiā
spoon	勺子	sháo zi
squid	鱿鱼	yóu yú
steak	牛排	niú pái
stew	烤肉	kǎo ròu
still	无气的	wú qì de
strawberry	草莓	cǎo méi
sturgeon	鲟鱼	xú nyú
sugar	糖	táng
sunflower oil	向日葵油	xiàng rì kuí yóu
sweet	甜的	tián de
sweet cherry	欧洲甜樱桃	oūzhōu tián yīngtáo
taste, flavor	味道	wèi dào
tasty	美味的	měi wèi de
tea	茶	chá
teaspoon	茶匙	chá chí
tip	小费	xiǎo fèi
tomato	西红柿	xī hóng shì
tomato juice	番茄汁	fān qié zhī
tongue	口条	kǒu tiáo
toothpick	牙签	yá qiān
trout	鳟鱼	zūn yú
tuna	金枪鱼	jīn qiāng yú
turkey	火鸡	huǒ jī
turnip	蔓菁	mán jing
veal	小牛肉	xiǎo niú ròu
vegetable oil	植物油	zhí wù yóu
vegetables	蔬菜	shū cài
vegetarian	素食者	sù shí zhě
vegetarian	素的	sù de

vermouth	苦艾酒	kǔ ài jiǔ
vienna sausage	小灌肠	xiǎo guàn cháng
vinegar	醋	cù
vitamin	维生素	wéi shēng sù
vodka	伏特加	fú tè jiā
waffles	华夫饼干	huá fū bǐng gān
waiter	服务员	fú wù yuán
waitress	女服务员	nǚ fú wù yuán
walnut	核桃	hé tao
water	水	shuǐ
watermelon	西瓜	xī guā
wheat	小麦	xiǎo mài
whisky	威士忌酒	wēi shì jì jiǔ
wine list	酒单	jiǔ dān
with ice	加冰的	jiā bīng de
yogurt	酸奶	suān nǎi
zucchini	西葫芦	xī hú lu

鳄梨	è lí	avocado
鹅肝酱	é gān jiàng	pâté
鹅肉	é ròu	goose
欧芹	ōu qín	parsley
白梭吻鲈	bái suō wěn lú	pike perch
不含酒精的	bù hán jiǔ jīng de	non-alcoholic
杯子	bēi zi	glass
杯子	bēi zi	cup
冰	bīng	ice
兵豆	bīng dòu	lentil
冰淇淋	bīng qí lín	ice-cream
菠菜	bō cài	spinach
菠萝	bō luó	pineapple
比目鱼	bǐ mù yú	halibut
比目鱼	bǐ mù yú	flatfish
比萨饼	bǐ sà bǐng	pizza
饼干	bǐng gān	cookies
鳊鱼	biān yú	bream
菜	cài	course, dish
菜单	cài dān	menu
菜花	cài huā	cauliflower
菜肴	cài yáo	cuisine
醋	cù	vinegar
醋栗	cù lì	gooseberry
醋渍的	cù zì de	pickled
草莓	cǎo méi	strawberry
草莓	cǎo méi	field strawberry
茶	chá	tea
茶匙	chá chí	teaspoon
朝鲜蓟	cháo xiǎn jì	artichoke
橙子	chén zi	orange
橙盖牛肝菌	chéng gài niú gān jūn	orange-cap boletus
橙子汁	chéng zi zhī	orange juice
叉，餐叉	chā, cān chā	fork
大蒜	dà suàn	garlic
大西洋鲑	dà xī yáng guī	Atlantic salmon
大馅饼	dà xiàn bǐng	pie
大麦	dàmài	barley
蛋白	dàn bái	egg white
蛋白质	dàn bái zhì	proteins
蛋黄	dàn huáng	egg yolk
蛋黄酱	dàn huáng jiàng	mayonnaise
淡啤酒	dàn píjiǔ	light beer
蛋糕	dàngāo	cake

豆子	dòu zi	beans
杜松子酒	dù sōng zǐ jiǔ	gin
毒蘑菇	dú mógu	poisonous mushroom
毒蕈	dú xùn	death cap
刀，刀子	dāo, dāo zi	knife
丁香	dīng xiāng	cloves
调味品	diào wèi pǐn	condiment
碟子	dié zi	saucer
覆盆子	fù pén zi	raspberry
伏特加	fú tè jiā	vodka
服务员	fú wù yuán	waiter
番红花	fān hóng huā	saffron
番茄汁	fān qié zhī	tomato juice
鲱鱼	fēi yú	herring
蜂蜜	fēng mì	honey
法国白兰地	fǎguó báilándì	cognac
葛缕子	gélǚ zi	caraway
肝	gān	liver
干的	gān de	dried
橄榄	gǎn lǎn	olives
橄榄油	gǎn lǎn yóu	olive oil
狗鱼	gǒu yú	pike
谷类作物	gǔ lèi zuò wù	cereal crops
谷粒	gǔ lì	cereal grains
谷物	gǔ wù	grain
罐头食品	guàn tou shí pǐn	canned food
瓜，甜瓜	guā, tián guā	melon
鲑鱼	guī yú	salmon
果冻	guǒ dòng	jam
果酱	guǒ jiàng	jam
果汁	guǒzhī	juice
汉堡	hàn bǎo	hamburger
蛤蟆菌	há má jùn	fly agaric
褐疣柄牛肝菌	hè yóu bǐng niú gān jūn	birch bolete
核桃	hé tao	walnut
红醋栗	hóng cù lì	redcurrant
红茶	hóng chá	black tea
红菇	hóng gū	russula
红辣椒粉	hóng là jiāo fěn	red pepper
红甜椒粉	hóng tián jiāo fěn	paprika
胡椒，辣椒	hú jiāo, là jiāo	bell pepper
胡萝卜	hú luó bo	carrot
黑醋栗	hēi cù lì	blackcurrant
黑胡椒	hēi hú jiāo	black pepper
黑咖啡	hēi kāfēi	black coffee
黑麦	hēi mài	rye
黑莓	hēi méi	blackberry
黑啤酒	hēi píjiǔ	dark beer
海鲜	hǎi xiān	seafood
海枣	hǎi zǎo	date
华夫饼干	huá fū bǐng gān	waffles
黄豆	huáng dòu	soy

黄瓜	huáng guā	cucumber
黄油	huáng yóu	butter
茴芹	huí qín	anise
回味, 余味	huí wèi, yú wèi	aftertaste
花生	huā shēng	peanut
火鸡	huǒ jī	turkey
火腿	huǒ tuǐ	ham
橘子	jú zi	mandarin
鸡蛋	jī dàn	egg
鸡蛋	jī dàn	eggs
鸡肉	jī ròu	chicken
鸡尾酒	jī wěi jiǔ	cocktail
鸡油菌	jī yóu jūn	chanterelle
鸡蛋饼	jīdàn bǐng	omelet
金枪鱼	jīn qiāng yú	tuna
芥末	jiè mo	mustard
加冰的	jiā bīng de	with ice
煎蛋	jiān dàn	fried eggs
姜	jiāng	ginger
浆果	jiāng guǒ	berry
浆果	jiāng guǒ	berries
加牛奶的咖啡	jiāniúnǎide kāfēi	coffee with milk
酒吧	jiǔ bā	pub, bar
酒杯	jiǔ bēi	glass
酒保	jiǔ bǎo	bartender
酒单	jiǔ dān	wine list
咖啡	kāfēi	coffee
开罐器	kāi guàn qì	can opener
开胃菜	kāi wèi cài	appetizer
开胃酒	kāi wèi jiǔ	aperitif
开心果	kāi xīn guǒ	pistachios
可食的蘑菇	kěshíde mógu	edible mushroom
卡布奇诺	kǎ bù jī nuò	cappuccino
卡路里	kǎlùlǐ	calorie
烤肉	kǎo ròu	stew
口条	kǒu tiáo	tongue
口香糖	kǒu xiāng táng	chewing gum
苦艾酒	kǔ ài jiǔ	vermouth
苦的	kǔ de	bitter
矿泉水	kuàng quán shuǐ	mineral water
辣根汁	là gēn zhī	horseradish
腊肉	là ròu	bacon
梨	lí	pear
龙虾	lóng xiā	spiny lobster
芦笋	lú sǔn	asparagus
鲈鱼	lú yú	perch
冷冻的	lěng dòng de	frozen
冷的	lěng de	cold
朗姆酒	lǎng mǔ jiǔ	rum
李子	lǐ zi	plum
鲤鱼	lǐyú	carp
绿茶	lǜ chá	green tea

炼乳	liàn rǔ	condensed milk
烈酒	liè jiǔ	liquors
猎物	liè wù	game
罗勒	luó lè	basil
螺旋 拔塞器	luóxuán básāiqì	corkscrew
麦片粥	mài piàn zhōu	porridge
蔓菁	mán jing	turnip
鳗鱼，鳝鱼	mán yú, shàn yú	eel
芒果	máng guǒ	mango
猕猴桃	mí hóu táo	kiwi
蘑菇	mógu	mushroom
木瓜	mù guā	papaya
美味的	měi wèi de	tasty
美味牛肝菌	měi wèi niú gān jūn	cep
米	mǐ	rice
牡蛎	mǔ lì	oyster
面包	miàn bāo	bread
面包屑	miàn bāo xiè	crumb
面粉	miàn fěn	flour
面条	miàn tiáo	noodles
南瓜	nán guā	pumpkin
柠檬	níng méng	lemon
柠檬水	níng méng shuǐ	lemonade
奶酪	nǎi lào	cheese
奶昔	nǎi xī	milkshake
奶油	nǎi yóu	cream
女服务员	nǚ fú wù yuán	waitress
鲶鱼	nián yú	catfish
牛奶	niú nǎi	milk
牛排	niú pái	steak
牛肉	niú ròu	beef
欧洲甜樱桃	oūzhōu tián yīngtáo	sweet cherry
盘子	pán zi	plate
螃蟹	páng xiè	crab
配菜	pèi cài	side dish
皮	pí	peel
啤酒	píjiǔ	beer
苹果	píng guǒ	apple
瓶起子	píng qǐ zi	bottle opener
葡萄	pú tao	grape
葡萄柚	pú tao yòu	grapefruit
葡萄干	pútao gān	raisin
烹饪法	pēng rèn fǎ	recipe
汽水	qì shuǐ	sparkling
芹菜	qín cài	celery
青菜	qīng cài	greens
清凉饮料	qīng liáng yǐn liào	refreshing drink
清汤	qīng tāng	clear soup
鲭鱼	qīng yú	mackerel
请慢用！	qīng màn yòng!	Enjoy your meal!
荞麦	qiáo mài	buckwheat
茄子	qié zi	eggplant

球芽甘蓝	qiú yá gān lán	Brussels sprouts
巧克力	qiǎo kè lì	chocolate
巧克力的	qiǎo kè lì de	chocolate
人造奶油	rénzào nǎi yóu	margarine
日常饮食	rì cháng yǐn shí	diet
肉	ròu	meat
肉饼	ròu bǐng	fried meatballs
肉桂	ròu guì	cinnamon
乳脂	rǔ zhī	buttercream
软性饮料	ruǎn xìng yǐn liào	soft drink
四季豆	sì jì dòu	kidney bean
素的	sù de	vegetarian
素食者	sù shí zhě	vegetarian
粟，小米	sù, xiǎo mǐ	millet
速溶咖啡	sùróng kāfēi	instant coffee
三明治	sān míng zhì	sandwich
苏打 …	sū dá …	carbonated
勺子	sháo zi	spoon
莳萝	shì luó	dill
石榴	shí liú	pomegranate
食物	shí wù	food
沙丁鱼	shā dīng yú	sardine
沙拉	shā lā	salad
鲨鱼	shā yú	shark
生菜，莴苣	shēng cài, wō jù	lettuce
蔬菜	shū cài	vegetables
水	shuǐ	water
水果	shuǐ guǒ	fruit
水萝卜	shuǐ luó bo	radish
穗	suì	ear
碎牛肉	suì niú ròu	hamburger
酸果酱	suān guǒ jiàng	marmalade
酸奶	suān nǎi	yogurt
酸奶油	suān nǎi yóu	sour cream
碳水化合物	tàn shuǐ huà hé wù	carbohydrates
烫的	tàng de	hot
糖	táng	sugar
糖果	táng guǒ	candy
桃子	táo zi	peach
兔肉	tù ròu	rabbit
汤	tāng	soup
汤匙	tāng chí	soup spoon
通心粉	tōng xīn fěn	pasta
土豆	tǔ dòu	potato
土豆泥	tǔ dòu ní	mashed potatoes
甜的	tián de	sweet
甜点心	tián diǎn xīn	dessert
甜酒	tián jiǔ	liqueur
甜菜	tiáncài	beetroot
调味汁	tiáo wèi zhī	sauce
味道	wèi dào	taste, flavor
胃口	wèi kǒu	appetite

维生素	wéi shēng sù	vitamin
无花果	wú huā guǒ	fig
无气的	wú qì de	still
豌豆	wān dòu	pea
威士忌酒	wēi shì jì jiǔ	whisky
晚餐	wǎn cān	dinner
午饭	wǔ fàn	lunch
杏仁	xìng rén	almond
杏子	xìng zi	apricot
鲟鱼	xú nyú	sturgeon
西瓜	xī guā	watermelon
西红柿	xī hóng shì	tomato
西葫芦	xī hú lu	zucchini
西蓝花	xī lán huā	broccoli
新鲜果汁	xīnxiān guǒzhī	freshly squeezed juice
熏火腿	xūn huǒ tuǐ	gammon
熏烤的	xūn kǎo de	smoked
馅	xiàn	filling
向日葵油	xiàng rì kuí yóu	sunflower oil
咸的	xián de	salty
虾，小虾	xiā, xiǎo xiā	shrimp
香槟	xiāng bīn	champagne
香肠	xiāng cháng	sausage
香蕉	xiāng jiāo	banana
香料	xiāng liào	spice
小蛋糕	xiǎo dàngāo	cake
小费	xiǎo fèi	tip
小灌肠	xiǎo guàn cháng	vienna sausage
小红莓	xiǎo hóng méi	cranberry
小麦	xiǎo mài	wheat
小牛肉	xiǎo niú ròu	veal
鳕鱼	xuě yú	cod
燕麦	yàn mài	oats
牙签	yá qiān	toothpick
盐，食盐	yán, shí yán	salt
洋白菜	yáng bái cài	cabbage
洋葱	yáng cōng	onion
羊肚菌	yáng dǔ jùn	morel
羊肉	yáng ròu	lamb
意大利面条	yì dà lì miàn tiáo	spaghetti
油煎的	yóu jiān de	fried
油酥面饼	yóu sū miàn bǐng	confectionery
鱿鱼	yóu yú	squid
玉米	yù mǐ	corn
玉米	yù mǐ	corn
玉米片	yù mǐ piàn	cornflakes
鱼	yú	fish
鱼子酱	yúzǐ jiàng	caviar
鸭子	yā zi	duck
椰子	yē zi	coconut
一份	yī fèn	portion
一块	yī kuài	piece

一片	yī piàn	slice
樱桃	yīngtáo	sour cherry
饮用水	yǐn yòng shuǐ	drinking water
芫荽	yuán suī	coriander
月桂叶	yuè guì yè	bay leaf
越橘	yuè jú	bilberry
越橘	yuè jú	cowberry
鳟鱼	zūn yú	trout
早饭	zǎo fàn	breakfast
账单	zhàng dān	check
植物油	zhí wù yóu	vegetable oil
榛子	zhēn zi	hazelnut
脂肪	zhī fáng	fats
芝麻	zhī ma	sesame
猪肉	zhū ròu	pork
猪油	zhū yóu	lard
煮熟的	zhǔ shóu de	boiled